Dietrich Schäfer

Deutschland und England in See- und Weltgeltung

Dietrich Schäfer

Deutschland und England in See- und Weltgeltung

ISBN/EAN: 9783954272846
Erscheinungsjahr: 2013
Erscheinungsort: Bremen, Deutschland

© maritimepress in Europäischer Hochschulverlag GmbH & Co. KG, Fahrenheitstr. 1, 28359 Bremen. Alle Rechte beim Verlag und bei den jeweiligen Lizenzgebern.

www.maritimepress.de | office@maritimepress.de

Bei diesem Titel handelt es sich um den Nachdruck eines historischen, lange vergriffenen Buches. Da elektronische Druckvorlagen für diese Titel nicht existieren, musste auf alte Vorlagen zurückgegriffen werden. Hieraus zwangsläufig resultierende Qualitätsverluste bitten wir zu entschuldigen.

Dietrich Schäfer

Deutschland und England
in See- und Weltgeltung

Deutschland und England
in See- und Weltgeltung

Vier Beiträge

zur Beurteilung der Zeitlage

von

Dietrich Schäfer

Kurt Wolff Verlag / Leipzig 1915

Vorwort

Diese Beiträge zur Beurteilung der Zeitlage sind in den Jahren 1897—1912 der Öffentlichkeit schon einzeln und auf verschiedene Weise vorgelegt worden. Der Anlaß war doch immer der gleiche, der Wunsch, beizutragen zum Verständnis des unabweisbaren Erfordernisses deutscher selbständiger Geltung auf und über See und der Schwierigkeiten, die sich aus diesem Erfordernis für unsere Beziehungen zu England ergaben. Die jüngsten Erlebnisse haben diese Schwierigkeiten auch dem blödesten Auge sichtbar gemacht. Es ist gleichwohl nicht überflüssig, sich ihre Ursachen stets von neuem zu vergegenwärtigen. Wenn heute gelegentlich die Frage aufgeworfen wird, ob England den großen Krieg nur verschuldet oder auch gewollt habe, so ist das tatsächlich nicht von einander zu trennen. Man kann nicht anders, als beide Fragen mit ja beantworten, denn es ist gleichgültig, ob der Krieg England zur erwünschten Zeit gekommen ist oder nicht; gewollt hat ihn das politische, das staatliche England seit langem, und allein dieses England kann in Betracht kommen.

Ob wir das Inselvolk zurzeit als unseren gefährlichsten Gegner anzusehen haben, ist wieder eine andere Frage. Das richtige Verständnis für den deutsch-englischen Gegensatz kann aber den Blick für Deutschlands Bedrängnisse im Osten nur schärfen, nicht trüben.

Steglitz, den 5. Dezember 1914

Dietrich Schäfer

Inhalt

	Seite
Deutschland zur See	1
Weltlage und Flottenverstärkung	121
Weltlage und Kolonialpolitik	149
Englands Weltstellung und Deutschlands Lage	160

Deutschland zur See.
Eine historisch-politische Betrachtung.[1]

Das Schicksal der jüngsten Flottenvorlage im Reichstage hat Deutschlands Stellung und Aufgaben zur See in den Vordergrund des allgemeinen Interesses gerückt. Die Frage, ob das Reich einer Verstärkung seiner maritimen Streitkräfte bedürfe, wird mit Eifer, ja mit Leidenschaftlichkeit behandelt und Kreisen nahe gebracht, die ihr bisher fern standen. Wer diesen Dingen schon früher seine Aufmerksamkeit zuwandte, kann sich darüber nicht wundern; denn die Flottenfrage ist von weittragender, ja aller Wahrscheinlichkeit nach von ausschlaggebender Bedeutung für unsere Zukunft. Wir stehen an einem Punkte, wo die Wahl des Weges entscheidend wird für die Frage, ob wir Deutsche weiter zu den führenden Völkern der Welt zählen werden oder nicht. Daß es sich um nichts weniger handelt, und daß diese Frage eine bejahende Antwort nur finden kann, wenn wir unsere Wehrkraft zur See unserer Handels- und Weltstellung entsprechend verstärken, wollen die folgenden Ausführungen zu erweisen suchen.

Sie sind fast durchweg historisch gehalten. In der Behandlung von Tagesfragen, auch wichtigeren, pflegt

[1] Jena, Verlag von Gustav Fischer, 1. u. 2. Aufl., 1897.

diese Seite der Betrachtung zurückzutreten. Das ist nicht nur erklärlich, dafür lassen sich auch triftige Gründe anführen. Aber gelegentlich wird doch der geschichtliche Rückblick zum unerläßlichen Erfordernis; das Woher und Wohin drängt sich unabweisbar auf. Ein solcher Fall liegt vor in der Flottenfrage. Nur wer sich Klarheit darüber verschafft, welche Bedeutung für die Entwicklung unseres Volkes und Reiches das Meer hatte, wird von fester Grundlage aus ein Urteil darüber abgeben können, welche Stellung zur See Deutschland zu erstreben und zu behaupten hat. Nicht nur in den Argumenten, die für, sondern auch in denen, die gegen eine starke Flotte angeführt werden, tritt dieses Erfordernis auch erkennbar hervor. Für und wider wird vielfach mit Gründen gekämpft, die der Geschichte entnommen sind.

Wer in gelehrtem Berufe steht, entschließt sich schwer, seine wissenschaftliche Arbeit in den unmittelbaren Dienst von Tagesfragen zu stellen. Man wird genötigt, zu wiederholen, was man selbst, was andere gesagt haben; man muß sich in gewisser Beziehung an der Oberfläche der Dinge halten und mit Ausführungen und Begründungen kargen. Das alles, während man sich der klaffenden Lücken der allgemeinen, der noch größeren der eigenen Kenntnis bewußt ist. Gerade die Geschichte des Seehandels, des deutschen wie des europäischen, ist ein Wissensgebiet, auf dem weite und wichtige Partien von eigentlicher Forschung noch so gut wie unberührt sind. Aber die entscheidenden Wendungen sind doch klar erkennbar, und es gilt, das Wort zu ergreifen über Dinge, über die mitzusprechen langjährige Studien berechtigen. Ich glaube auch, daß diejenigen nicht ganz unrecht haben, die behaupten, der deutsche Gelehrte sei zu penibel, zu zaghaft, vielleicht zu wissenseitel in der popularisierenden Verwertung seiner Studien. Daß unser Volk für die Bedeutung seiner Stellung zur See noch nicht den Grad von Verständnis zeigt, den es haben sollte und für die Erhaltung und Entwicklung dieser Stellung haben muß, beruht ja zum großen Teil auf seiner Geschichte. Möge es denn vom Standpunkt der Geschichte aus versucht werden, hier zu helfen und aufzuklären.

Daß Mut und Kraft unserer Altvordern, die das römische Weltreich in Trümmer legten, auch auf schwankem Kiele sich betätigten und bewährten, ist eine bekannte Tatsache. Auf jenen scharfen, unübertrefflich seetüchtigen, zu Ruder und Segel geschickten Booten, deren Gestalt uns glückliche Funde bewahrt haben, suchten Franken, Sachsen, Friesen, Angeln die Küsten des Römerreichs heim schon zu einer Zeit, wo ihre binnenländischen Volksgenossen sich noch um die dakischen und rätisch-germanischen Grenzwälle mühten. „Mit unglaublicher Kühnheit und unverdientem Glücke" fanden Franken, die Kaiser Probus an die Ufer des Schwarzen Meeres verpflanzt hatte, auf römischen Schiffen, deren sie sich bemächtigten, plündernd und verwüstend den Weg zurück in die niederrheinische Heimat. Nur ein seegewohntes Volk konnte sich Englands bemächtigen. Welcher Geist in den altgermanischen Anwohnern unseres Nordmeeres lebendig war, dafür haben wir ein beredtes und unschätzbares Zeugnis in dem zweiten unserer großen Volksepen, in der seeluftdurchwehten Gudrun.

Und doch gewann maritimes Leben für das neu erwachsende Reich, in dem die germanischen Stämme der Mitte Europas ihre Nationalität bewahrten, zunächst keinerlei Bedeutung. Friedlichen Handelsbetrieb hatten die nördlichen Meere überhaupt noch nicht gesehen. Das Wikingertreiben aber zog sich mit den letzten Zuckungen der Völkerwanderung zu den skandinavischen Germanen zurück und suchte eben jene Gestade heim, von denen früher der Schrecken gegen Westen getragen worden war. Ihre Anwohner, die Friesen, hatten die Schiffahrt zwar nicht verlernt, vermochten aber jetzt ihre Küsten und Strommündungen nicht vor den Fremden zu bewahren. Doch waren sie es, die zuerst die Nordsee als Händler befuhren, als die Zeiten sich beruhigten und auch die skandinavischen Stämme seßhaft und christlich geworden waren.

Die Nordsee aber war das einzige Meer, an dem

das Deutsche Reich, wie es aus dem Vertrage von Verdun und den lothringischen Erweiterungen der nächsten Jahrzehnte hervorging, ein unmittelbares Interesse hatte. In der Flachküste von der Schelde bis zur Eider mit ihren vielverzweigten Strommündungen und Buchten, ihren Watten und Dünen, Riffen und Bänken, Sänden und Platen besaß es eines der schwierigsten Gestade, das je auf unserem Erdball Ausgangspunkt eines großen Verkehrs geworden ist. Bis ins 12. Jahrhundert kann daher von der Entwicklung eines deutschen Seehandels auch kaum die Rede sein. Die Küstengewässer, das Wattenmeer wurden befahren; man erreichte westwärts England, ostwärts Jütland, in vereinzelter kühner Fahrt einmal die unwirtlichen Gegenden, in denen die Nordsee sich zum Atlantischen Ozean erweitert. Das war alles, entsprach übrigens den Zeitverhältnissen. Denn während an den Gestaden des Mittelmeeres schon Venedig, Pisa und Genua erblühten, wußte der Nordwesten Europas noch nichts von einem Austausch der Völker, der die See wirklich belebt hätte.

Das wurde anders und zumal für Deutschland anders durch Hergänge, die zu den bedeutungsvollsten und folgenreichsten unserer Geschichte gehören, Hergänge, denen wir es vor allen anderen verdanken, daß wir heute noch ein Reich und ein Volk sind. Von der Mitte des 12. bis ungefähr zu der des 13. Jahrhunderts vollzogen Deutsche die größte Kolonisation des Mittelalters, die größte, von der die Geschichte, nächst der römischen und amerikanischen, überhaupt zu berichten weiß. Die Ostsee, nach den Stürmen der Völkerwanderung ein skandinavisch-slavisches Binnenmeer, sah an ihren südlichen und südöstlichen Gestaden wieder deutsche Siedelung und deutsche Herrschaft erstehen. Von der Kieler Bucht bis zur Mündung der Narwa, tief im Finnischen Meerbusen, und weit hinein ins Binnenland ward deutsches Volkstum maßgebend. Zu eben der Zeit, wo das staufische Kaisertum um die Vormachtstellung der Christenheit und die Herrschaft in Italien rang, vollbrachten deutsche Fürsten und Ritter, Geistliche, Bürger und Bauern in buntem Zusammenwirken dieses große Werk, dessen Werden im einzelnen wir nur unklar erkennen, dessen rasche und gründliche Vollendung sich aber gar nicht bezweifeln läßt. Und dabei handelte es sich keineswegs allein oder auch nur überwiegend um kriegerische Betätigung. Der weitaus größte Teil der germanisierten oder unter deutschen Einfluß gelangten Gebiete ist gewonnen worden ohne einen Schwertschlag, nur durch die Überlegenheit deutscher Arbeit und deutscher Kultur. Slavische Fürsten haben sich zahlreich deutschem Wesen angeschlossen und die Germanisierung ihrer Länder gefördert.

Lebensfähige Kolonien wirken stets befruchtend zurück auf ihr Mutterland. Von unserer mittelalterlichen

Siedelungstätigkeit kann das in ganz hervorragendem Maße behauptet werden. Sie ist die einzige gewesen, der wir eine Steigerung unseres politischen Könnens verdanken. Auf die Entwicklung unseres wirtschaftlichen Lebens hat sie vor allen anderen Faktoren der Zeit eingewirkt; sie verschaffte uns eine jahrhundertelange Vormachtstellung auf den nordeuropäischen Gewässern.

Die Begründung deutscher Stadtgemeinden auf ehemals slavischem, litauischem, estnischem Boden ist eine Kulturtat ersten Ranges. Von Kiel und Lübeck bis Reval und tief landeinwärts bis Thorn und Breslau entstanden sie, anknüpfend an ältere Ortschaften fremden Ursprungs, aber ein ganz neues Bürgerwesen herausbildend, die natürlichen Sammelpunkte alles Verkehrs, je nach der Lage für die nähere Umgebung oder für ganze Stromgebiete. Weit über die geschlossenen Grenzen der Germanisierung hinaus, tief hinein in die slavisch-madjarische Welt des Südostens und Ostens, in die skandinavische des Nordens schob deutsches Bürgertum im Verein mit bäuerlichem Wesen seine Vorposten vor, eingesprengt in fremdes Volkstum, überall aber Träger einer entwickelteren Kultur. Von den äußersten Tälern der Karpathen bis zu den Schären und Fjorden Schwedens und Norwegens, von Prag, Krakau und dem siebenbürgischen Kronstadt bis hinauf nach Wisby, Stockholm und Bergen erhielt alles, was Stadt und Bürgertum hieß, mehr oder weniger ein deutsches Gepräge, geriet unter den Einfluß deutscher Anschauungen und deutscher Einrichtungen. Nie wieder hat deutsche Art in den mittleren Gebieten unseres Erdteils so weitgreifende Anerkennung gefunden.

Auf die Entwicklung der älteren Reichsgebiete hat das einen geradezu staunenswerten Einfluß gehabt. Das Jahrhundert der Kolonisation ist auch das, in dem sich auf dem alten Reichsboden ein wirkliches Städtewesen entwickelte, der feste Rahmen gelegt wurde für Zustände, die sich ein halbes Jahrtausend erhalten haben. Sieht man von denjenigen Bildungen ab, die als Residenzen oder als Mittelpunkte größerer Verwaltungsbezirke später emporgekommen sind, so haben Deutschlands städtische Gemeinwesen mit wenigen, aus den Ortsverhältnissen zu erklärenden Ausnahmen, bis gegen die Mitte des 19. Jahrhunderts innerhalb des Raumes fortbestanden, den ihnen ihre Stadtmauern schon um 1300 anwiesen. Der Auswanderung, welche die Kolonisationsgebiete füllte, stand, ähnlich wie in unseren Tagen, eine starke Zunahme der heimischen Bevölkerung zur Seite. Zugleich in den alten und in den neuen Gebieten steigerten Rodung und Siedlung und die Eröffnung und Vermehrung gewerblicher Betriebe die Produktion in ungewohntem Maße, und weitgreifende, bisher nicht gekannte Beziehungen begannen die verschiedensten Teile entlegener

Gebiete mit einander zu verknüpfen. Flandrische Leute bewohnten die Weichselniederungen; Westfalen fanden sich am ganzen Ostseestrande entlang; mitteldeutsche Franken und Thüringer rodeten in Schlesien und Preußen, mittelrheinische Siedler in den Karpathen; sie alle vergaßen in der Fremde der Heimat nicht. Im 13. Jahrhundert beginnt im nordeuropäischen Verkehr der Handel mit Massenartikeln. Hatte der Kaufmann sich bisher auf wenige, aber wertvolle und leicht zu befördernde Gegenstände des Haus- und Kriegsgebrauchs beschränkt, so lernte er jetzt Artikel in den Bereich seiner Tätigkeit ziehen, die nur in größeren Mengen einen Gewinn bringen konnten, die Erträge des Ackerbaus und der Waldwirtschaft, des Bergbaus, der Fischerei und bald auch der Viehzucht. Getreide und Holz, Teer, Pech, Pottasche, Hanf und Flachs, Eisen und Eisenerze, Seesalz, Hering und Stockfisch wurden Handelsartikel, deren Auftreten dem Verkehr einen ganz anderen Charakter gab. Sie setzten entwickeltere Transportmittel, vor allem zur See, voraus und Gegenden, deren Bevölkerung zu dicht und zu bedürfnisreich geworden war, um die Erfordernisse des täglichen Lebens der heimischen Umgebung zu entnehmen. Beide Voraussetzungen entwickelten sich im nordwestlichen Europa im Laufe des 12. und 13. Jahrhunderts.

Es liegt auf der Hand, daß durch diese Wandlung besonders die Ostsee gewinnen mußte, ja daß ihre Angliederung an die abendländische Kultur- und Verkehrswelt, wie ihn die Deutschen vollzogen, geradezu Anlaß und Eröffnung der neuen Ära wurde. Eben die genannten Produkte bildeten ja den eigentlichen Reichtum der baltischen Länder. Die Heringsfischerei wurde bis in die erste Hälfte des 13. Jahrhunderts in den Gewässern von Rügen, später im südlichen Teil des Sundes und hier in einer Ausdehnung betrieben, der das Mittelalter nichts Ähnliches an die Seite zu setzen hatte. Auch der altgewohnte Handel des Ostens mit Pelzwerk und Wachs nahm durch die neue Besiedelung und den gesteigerten Bedarf des Westens einen ungeahnten Aufschwung. Daß die Erzeugnisse des Südens, die Weine Frankreichs und der Rheingebiete, die feinen flandrischen Tuche und andere Ergebnisse eines entwickelteren Gewerbfleißes durch das Aufblühen der baltischen Gebiete einen erweiterten Markt fanden, versteht sich von selbst. Dazu trat als neuer Artikel das jetzt massenhaft verbrauchte Seesalz der Westküste Frankreichs. Die Ostsee ward ein belebtes Meer und für den Verkehr der atlantischen Gewässer Europas ein maßgebender Faktor.

Herren ihres Handels aber wurden die an ihren Gestaden neu gegründeten deutschen Städte. Den früheren primitiven Verkehr hatten in erster Linie Skandinavier betrieben, deren Fahrten zu friedlichen und kriegerischen Zwecken nach den Mündungen der großen Ströme der Ost- und Südküste des Baltischen Meeres bekannt sind. In ihm hatte die Insel Gotland wohl schon lange eine hervorragende Rolle gespielt. Ihre beherrschende Lage vor der bevölkertsten Landschaft Schwedens und gegenüber den Eingängen zum Bottnischen, Finnischen und Rigaischen Meerbusen wies ihr zu einer Zeit, wo der Schiffer noch ungern das Land aus dem Gesicht verlor, eine solche Stellung gleichsam von selbst zu. Goten sind es auch gewesen, die am hervorragendsten Platze des Ostens, in Nowgorod an der Wolchow, oberhalb des Ilmensees, zu Handelszwecken eine Niederlassung, einen „Hof", gründeten. In ihrem Hauptorte Wisby, dessen stattliche Kirchenruinen und zinnengekrönte Mauern noch heute deutlich von untergegangener Größe zeugen, stellten sich auch bald Deutsche ein. Sie bildeten neben der gotischen eine deutsche Stadtgemeinde und außerdem noch eine Genossenschaft der deutschen Gotland besuchenden Kaufleute. Wir finden sie bald auf den Bahnen der Goten. In Nowgorod (Naugarden) und an der Düna treten sie an ihre Stelle; ihre Führerin, die Travestadt Lübeck, steigt neben und über Wisby empor. Ein Bündnis, das beide Städte 1280 mit einander schließen, dem zwei Jahre später Riga beitritt, läßt die Lage deutlich erkennen. Es stellt sich die Aufgabe, die Ostsee zu befrieden, Kaufmann und Schiffer vor Raub und Plünderung zu bewahren. Die drei Städte sind die Wächter des baltischen Verkehrs. Im Jahre 1293 beschlossen 24 Städte, von Köln bis Reval gelegen, daß in Zukunft vom Hofe zu Nowgorod nur noch nach Lübeck appelliert werden solle. Wisby protestierte vergebens. Lübeck stand an der Spitze des Ostseehandels. Es war reichlich ein Jahrhundert, nachdem die Stadt an ihrer jetzigen Stelle gegründet worden war.

Lübecks rasches, im Mittelalter beispielloses Emporblühen, die hervorragende Stellung, die es durch fast drei Jahrhunderte hat behaupten können, erklären sich zunächst aus seiner Lage. Am innersten Winkel der Ostsee erbaut, war es für die westfälischen, niedersächsischen, niederrheinischen Leute, die wir als Pfadfinder und Wegweiser im deutschen Ostseehandel erkennen, der bequemste Einschiffungsplatz; kein anderer hat für die Kolonisation der Ostseeländer in friedlicher wie kriegerischer Fahrt so viel bedeutet. Es kam aber nicht allein der Umstand in Betracht, daß die Travestadt den Punkt inne hatte, an dem man am leichtesten das Ostmeer erreichte. Noch war die Schiffahrt der Nordsee Wattenfahrt, wie sie noch heute die Küstenfahrer, welche die Verbindung der kleinen ländlichen Verkehrsplätze und ihrer Siele und Tiefe mit den großen Häfen unterhalten, in uralter Weise betreiben. Dem natürlichen östlichen Abschluß dieser Fahrt, dem oberen Teil der Niederelbe, lag kein

Ostseeplatz bequemer als Lübeck. Als ein Gegenüber zu diesem kam zunächst Hamburg empor, man möchte sagen, etwa wie in neuerer Zeit Lübeck eine Art Vertreterin Hamburgs an der Ostsee geworden ist. Der ältere Handel zwischen Ost- und Westsee (so und nicht anders nennt der mittelalterliche deutsche Schiffer unsere Nordsee) war Überlandhandel durch Holstein. Erst um die Mitte des 13. Jahrhunderts erfahren wir von sogenannten „Umlandsfahrern", die den Weg um Jütland herum durch die dänischen Gewässer wagten. Für die meisten wertvolleren, die sogenannten Stapelartikel, ist aber die Verbindung Lübeck-Hamburg durch das ganze Mittelalter maßgebend geblieben.

Eine weitverbreitete Vorstellung, die in einem Bündnis der beiden Städte zur Sicherung der Verbindungswege (1241) den Ursprung der Hanse sieht, ist wörtlich genommen nicht stichhaltig, trifft aber dem Sinne nach das Richtige. Der Ost-Westsee-Verkehr über Trave und Elbe ist tatsächlich der Boden, auf dem der Bund der deutschen Städte oder vielmehr ihrer Kaufleute („der gemeine Kaufmann" ist die Bezeichnung, die dem Namen „Hanse" vorangeht und sich neben ihm dauernd behauptet) erwachsen ist. Seit dem 12. Jahrhundert beginnt Brügge zum Handelsemporium des europäischen Westens heranzuwachsen. Unweit des Wulpensandes, wo das Volksepos sich die Walstatt der nordischen Seekönige denkt, an der Grenze friesischen und fränkischen Wesens, unter einer überaus betriebsamen und erwerbstüchtigen Bevölkerung und inmitten einer der ergiebigsten und bestbevölkerten Landschaften Europas begründet, genoß es den Vorteil, durch Schelde, Maas und Rhein mit dem Binnenlande in leichter Verbindung zu stehen, der Küste Englands gegenüber zu liegen und nahe dem Ausgange des Kanals auch für die Fahrt von Westen her leicht erreichbar zu sein. Die Zwitterstellung Flanderns zwischen dem französischen und deutschen Reiche, welche die Bedeutung dieser Grafschaft so wesentlich gehoben hat, trug das Ihre dazu bei, Brügges Emporkommen zu fördern. Engländer und Franzosen, Spanier und Portugiesen, Katalanen, Genuesen, Florentiner und Venezianer, alles, was die Produkte günstigerer Klimate und entwickelteren Gewerbfleißes abzusetzen, gegen die Erzeugnisse des rauheren Nordens und Ostens umzutauschen hatte, sammelte sich hier. Ihre vornehmsten Abnehmer aber waren die deutschen, die hansischen Kaufleute, die durch die in den baltischen Gebieten erworbene Stellung den Handel des Ostens und Nordens beherrschten, die zugleich durch die niederrheinischen, westfälischen, niedersächsischen Bundesglieder Kauf und Verkauf bis weit hinein nach Binnendeutschland in der Hand hatten.

Im Besitz dieses Handels sind die Hansen zur Vormacht in den nordeuropäischen Gewässern geworden und in jene Handelsherrschaft hineingewachsen, die sie in den späteren Jahrhunderten des Mittelalters in diesen Gebieten inne hatten. Hier liegen Beginn und Ursprung ihrer steigenden Kapitalkraft, wie denn in späteren Tagen oft gesagt worden ist, daß aus dem Kontor zu Nowgorod wie aus einem Brunnquell die anderen geflossen seien. Im Laufe des 14. Jahrhunderts drangen die Deutschen in fast alle größeren nordeuropäischen Erwerbszweige ein. Die reichen Erträge der schonenschen Heringsfischerei wurden um 1400 so gut wie ausschließlich durch ihre Schiffer und Kaufleute dem Westen wie dem Osten zugeführt. Das gleiche war mit dem Stockfischfang an den norwegischen Küsten der Fall; die hansische Niederlassung zu Bergen versorgte Europa mit einer der wichtigsten Fastenspeisen. Den altüberlieferten, jetzt aber mächtig entwickelten Warenaustausch zwischen Deutschland und England vermittelte die Hanse durch ihren Londoner Stalhof und wußte die Engländer trotz aller Anstrengungen in den deutschen Städten in engen Grenzen oder ganz fern zu halten. Der blühende Verkehr, der zwischen England und Flandern in Wolle und Tuchen stattfand, ging zum großen Teil durch ihre Hand; soweit vlamische und englische Laken nach dem Osten und dem Norden und nach Deutschland selbst wanderten — und das geschah in nicht geringen Mengen —, waren Hansen, die „Osterlinge" der Engländer und Vlamen, die Händler. In direkter Fahrt holten sie Wein, Salz und andere Waren aus Westfrankreich und weiter her, nicht nur für den eigenen, sondern auch für englischen und anderen fremden Bedarf. Neben den großen Hauptkontoren in Nowgorod und Bergen, in Brügge und London haben sie zahlreiche kleinere Niederlassungen, die besonders von einzelnen Städten unterhalten und besucht wurden, in Schweden und Finland, in Rußland und Litauen, in Dänemark und Norwegen, in England und den Niederlanden und weiter westwärts bis nach Portugal hin begründet. Wo nordwärts von den Säulen des Herkules in europäischen Gewässern überhaupt Handel getrieben wurde, da war in den letzten Jahrhunderten des Mittelalters die Hanse dabei und zumeist tonangebend.

Man muß sich dabei gegenwärtig halten, daß diese Gebiete gegenüber denen des Mittelmeeres ein fast völlig getrenntes, in sich abgeschlossenes Handelsgebiet darstellen. Seine Bewohner erscheinen seefahrend gar nicht oder äußerst selten innerhalb der Straße von Gibraltar, während aus dem Mittelmeer in die nordischen Gebiete nie über Brügge hinaus und auch dorthin in erheblicherem Umfange nur von Venezianern und Genuesen gehandelt wird. In den Gewässern, in denen Deutschland allein sich betätigen konnte, nahm es also durch die Hanse weitaus die erste Stelle ein.

Es ist bemerkt worden, der Verkehr der Hanse sei doch recht unerheblich gewesen, verglichen mit dem unserer Tage. Das ist im ganzen richtig, wenn auch die Frequenz manches Hafens nach Hunderten von Schiffen zählte und manche Ost- oder Westflotte aus hundert und mehr Fahrzeugen bestand, auch Schiffe von mehreren Hunderten von Tonnen nicht selten waren. Aber darauf kommt es nicht an. Auch die Zeit niederländischer und beginnender englischer Handelsgröße steht in den Massen, die Gegenstand des Austausches sind, hinter der unsrigen unvergleichlich zurück. Was für unser Urteil maßgebend sein muß, ist die Tatsache, daß es eine Zeit gab — und sie hat vom 13. bis tief ins 16. Jahrhundert gedauert —, wo Deutschland so ziemlich alles, was es ein- oder ausführte, auf eigenen Schiffen und für eigene Rechnung holte oder brachte, und wo seine Kaufleute und Seefahrer vielfach, und zum Teil in beherrschender Stellung, an Handels- und Schiffahrtsbetrieben beteiligt waren, die ihrer Natur nach Sache anderer Völker gewesen wären, mit einem Worte, wo Deutschland seinen Eigenhandel völlig beherrschte und aus dem Zwischenhandel anderer Länder Europas ganz erheblichen Gewinn zog, wo es also eine Stellung inne hatte, wie sie später Niederländern und Engländern zugefallen ist.

Man hat auch gesagt, daß die Blüte der Hanse den Seestädten allein zugute gekommen sei, dem Binnenlande wenig genützt habe. Wer in dieser Frage urteilen will, der wird sich zunächst vergegenwärtigen müssen, daß das mittelalterliche Deutsche Reich nicht, wie man vom gegenwärtigen trotz gelegentlicher gegenteiliger Äußerungen denn doch behaupten kann, ein einheitliches Wirtschafts- und Handelsgebiet war. Es schieden sich und haben sich noch weit über das Mittelalter hinaus geschieden der Westen (das Rheingebiet), der Süden und Südosten (das Donaugebiet) und der Norden und der Nordosten, die weite Ebene vom Rhein bis zur Düna und darüber hinaus bis zum Finnischen Meerbusen. Die Rheingegenden standen mit Norden und Süden in lebhafter Berührung, die letzteren unter sich nur in sehr geringer. Die süddeutschen Städte sahen ihre Aufgabe darin, Oberdeutschland mit den Waren zu versehen, die man aus Italien zu beziehen pflegte, und diese und die eigenen Erzeugnisse ostwärts in die Donau-, Karpathen- und obersten Elbgebiete zu verbreiten. Als die Fugger zu Beginn des 16. Jahrhunderts im Anschluß an ihren ungarischen Bergbetrieb Handel von Danzig nach Antwerpen zu treiben suchten, wurden sie von den Hansen als lästige Eindringlinge bekämpft; daß andererseits hansische Handelsunternehmungen sich über das Rheingebiet und südwärts über das mitteldeutsche Gebirge hinaus erstreckt hätten, ist nur in wenigen Fällen nachweisbar. Aber in den weiten Ländern nördlich und östlich dieser Grenzen, die zwei Drittel des gegenwärtigen Deutschen Reiches ausmachen, und in denen Köln, Göttingen, Halle, Breslau, Krakau die äußersten Posten des hansischen Bundes sind, ist die Wirkung der Tatsache, daß Deutsche das Meer beherrschten, in dem Aufblühen der zahlreichen Städte und im steigenden Wohlstand des flachen Landes unverkennbar. Die Acker-, Wald- und Bergprodukte dieser Gebiete, vereinzelt auch die Erzeugnisse ländlicher Hausindustrie, fanden vermehrte Nachfrage im steigenden Bedarf der Städte und gelangten über See nach Skandinavien und England und ganz besonders nach den Niederlanden. Wäre dieser Weg nicht unterbrochen worden, die Pforten zu unserem Hause nicht in fremde Gewalt geraten, Norddeutschland hätte nicht im 19. Jahrhundert da wieder anzufangen brauchen, wo es im 16. stehen blieb.

Wie war es nun aber möglich, daß einem Kranz von Städten gelang, was dem geschlossenen Reiche von heute wohl stets ein unerreichtes Ziel bleiben wird, daß eine Vereinigung von Bürgern sich emporheben konnte über Königreiche und ganze Nationen? Die entscheidende Antwort auf diese Frage ist allein und ausschließlich zu suchen in den **politischen Verhältnissen der Zeit**.

Die eigentümliche Entwicklung unseres mittelalterlichen Reiches hat seinen einzelnen Territorien die Bahn geebnet für eine Selbständigkeit der Entfaltung, wie sie von anderen Ländern Europas nur noch Italien kennt. Als Träger der mittelalterlichen universalen Idee des Kaisertums und des Papsttums blieben Deutschland und Italien die einzigen Länder, die sich zur Ausgestaltung eines festen nationalen Staatswesens nicht durchzuringen vermochten. Das ist neben den geistlichen und dynastischen Bildungen vor allem doch auch städtischer Entwicklung zugute gekommen; sie hat sich auf deutschem und italienischem Boden einer Ungebundenheit erfreut, die in anderen Ländern nicht möglich war. Die Städte wurden die unbeschränkten Leiter ihrer gesamten Politik. Mittelalterliche Handelsherrschaft und Seegewalt ist Stadtherrschaft im Mittelmeer wie in den nordischen Gewässern, dort Venedig, Pisa, Genua, hier die Hanse. Die geschichtliche Bedeutung dieser Gemeinwesen liegt vor allem darin, daß sie die ersten abendländischen Staaten waren, deren innere wie äußere Politik so gut wie ausschließlich bestimmt wurde durch ihre wirtschaftlichen Interessen. Das machte sie der dynastischen Politik des monarchischen Europa überlegen. Die inneren Streitigkeiten der nordischen Reiche, der jahrhundertelange Gegensatz zwischen Dänemark und Schweden, Dänemarks Zerwürfnisse mit Schleswig-Holstein, Englands Kriege mit Frankreich, seine zahlreichen inneren Zwistigkeiten sind von den Leitern der Hanse so klug wie nachdrücklich ausgenutzt worden, um günstige Verträge und wichtige Verkehrsrechte zu erlangen. Gegenüber Königen, die aus dem Geldbedarf nicht herauskamen, war die finanzielle Leistungsfähigkeit der Kaufmannswelt ein gewaltiges Hilfsmittel. Wie später in niederländischen, so sind die Krönungsinsignien der englischen Könige auch in deutschen Händen gewesen, von den nordischen Herrschern zu schweigen. Unter Umständen mußte das Schwert helfen.

Ernstere Kriege hat die Hanse, wie alle reinen Handelsstaaten, allerdings nicht gern geführt, eigentlich nur um die Grundlage ihrer Stellung, die Herrschaft in der Ostsee. Sie hat nicht immer glücklich gekämpft, doch aber auch durchschlagende Erfolge errungen. Zwei dänische Könige sind von den Hansen aus ihrem Reiche vertrieben worden. Geschickte Bündnisse halfen mit. Ihre Wehrkraft zur See haben die Städte sorgfältig gepflegt. Während man die geworbenen Landtruppen, Reisige und Landsknechte, schwer meisterte und in Botmäßigkeit erhielt, verfügte man über eine zuverlässige und leistungsfähige Schiffsbemannung, durchweg Bootsleute der eigenen Städte, ausschließlich geführt von städtischen Ratsherren. Gestählt durch die Aufgaben, die das Meer stellte, hat sich in den See- und überhaupt in den Hansestädten die kriegerische Kraft des deutschen Bürgertums viel länger erhalten als in den Reichsstädten des Binnenlandes.

Das haben die Kaiserlichen im Schmalkaldischen Kriege vor Bremen und Magdeburg, Wallenstein vor Stralsund, der Braunschweiger Herzog mit dem Dänenkönige Christian IV. vor seinem Braunschweig, Schweden, Dänen und Polen vor Bremen, Hamburg und Danzig zu ihrem Schaden erfahren. Es kam hinzu, daß die innere Organisation der Städte auf Vertretung der Verkehrsinteressen zugespitzt war. Der Rat ergänzte sich durchweg aus dem Kaufmannsstand; er war zum Teil besetzt mit Männern, die ihre jüngeren Jahre im Auslande, auf den Kontoren zugebracht hatten, die Verhältnisse draußen kannten. Die Darlehen und Geldaufwendungen, die im Getriebe der städtischen Politik eine so bedeutende Rolle spielen, stammen aus diesen und verwandten Kreisen, werden nicht aus dem städtischen, sondern aus Privatsäckeln geleistet, so daß das persönliche Interesse mit dem städtischen völlig verschmilzt.

Unter der Gunst solcher Verhältnisse und mit solchen Mitteln, Mitteln der Politik, vermochten der städtische deutsche Kaufmann und Schiffer die Meere, die ihre Küsten bespülen, für sich zu gewinnen und ertragreiche Verkehrsbeziehungen anzuknüpfen bis weit in fremde Gebiete hinein. Es ist wunderbar, wie die Fremden, die bis ins 12. und 13. Jahrhundert diese Meere befahren und in deutschen Häfen nachweisbar sind, aus ihnen verschwinden und den Hansen den

Platz räumen. Die seegewohnten Skandinavier, vor kurzem noch gefürchtete Wikinger, sehen sich zurückgedrängt auf den Betrieb der Fischerei und eine dürftige Lokalschiffahrt mit winzigen Fahrzeugen. Die Engländer bemühen sich vergebens, im Ostseehandel Raum zu gewinnen und wenigstens den eigenen lebhaften Warenaustausch mit dem Weichselgebiet zu beherrschen; sie bleiben in der Rolle von Geduldeten und müssen aus dem Vertriebe der schonenschen wie norwegischen Fischereiergebnisse, aus dem Herings- und Stockfischhandel, weichen. Nur die Niederländer behaupten sich neben und mit den Hansen. Sie waren auch Deutsche. Die Städte Gelderns und des Stiftes Utrecht, die sogenannten Süderseeischen, waren Glieder der Hanse, die Bewohner von Seeland, Holland, Friesland ihr zeitweise verbunden.

Es ist besonders von ausländischen Historikern behauptet worden, die Hanse habe in fremden Ländern Privilegien erworben über die Rechte der Eingeborenen hinaus. Dem ist nicht so. Das Höchste, was durchgesetzt wurde, war Gleichberechtigung mit den Einheimischen. Aber das genügte, den Deutschen überlegen zu machen. Er hatte den Vorsprung in der Stadtentwicklung; hinter ihm stand eine geschickte und kraftvolle Politik, die unentwegt in friedlichem und kriegerischem Tun seine maritimen und merkantilen Interessen vertrat; so mußte er ein Übergewicht gewinnen über die stammesverwandten Mitbewerber jenseit der Meere. Die deutschen Städte erwuchsen zu jenen wohlhabenden, blühenden Gemeinwesen, die Machiavelli und Guicciardini bewunderten, deren monumentale Bauten kirchlichen wie profanen Charakters noch heute ein beredtes Zeugnis ablegen von dem Können und dem Geiste ihrer einstigen Bewohner. Nach bedeutenderen Bauten aus der Zeit vom letzten Drittel des 16. bis zum ersten des 19. Jahrhunderts wird man aber in den alten Hansestädten, mit vereinzelten Ausnahmen, vergebens suchen. Der Zeit der Blüte folgten Jahrhunderte des Verfalles oder des Stillstandes. Ihr Eintreten und ihren Verlauf zu untersuchen, ist noch lehrreicher als den Gründen nachzuforschen nach dem Emporkommen der Hanse.

Es ist eine alte Weisheit, daß Reiche und Staaten nur erhalten werden können durch die Mittel, durch die sie emporgebracht sind. Sie bewährt sich an der Geschichte der Hanse und der deutschen Seemacht.

Man ist gewöhnt, den Niedergang der Hanse mit den Ereignissen in Zusammenhang zu bringen, die um die Scheide des Mittelalters und der neueren Zeit dem europäischen Menschen den Blick auf den gesamten Erdball eröffneten. In Wirklichkeit liegen die entscheidenden Ursachen an ganz anderer Stelle.

Von den beiden Haupterrungenschaften des Entdeckungszeitalters hat die Auffindung des Seewegs nach Ostindien zunächst entschieden bedeutender eingewirkt als die Entdeckung Amerikas. Der Markt für die reichen indischen Produkte wurde von Venedig und Genua nach Lissabon verlegt. Er lag damit den Völkern des Nordens näher. Sie konnten selbst kommen und einkaufen, was sie bedurften, brauchten die Italiener nicht mehr in Brügge und Antwerpen zu erwarten. Lissabon wurde ein von ihnen stark besuchter Handelsplatz. Anders mit der Neuen Welt! Sie lieferte zunächst überhaupt keine Artikel, die einem eigentlichen Handel Leben geben konnten. Mit der Eroberung von Mexiko und Peru begann ein bisher unbekannter Zufluß von Edelmetallen; aber sie blieben zunächst in Spanien. Ein neuer Handelszweig entwickelte sich aus den Bedürfnissen der spanischen Kolonisten in Amerika, die für wichtige, zum Teil unentbehrliche Erfordernisse des Lebens sich noch lange, vielfach dauernd auf die Zufuhr aus Europa angewiesen sahen. Die verkommende Industrie des Mutterlandes vermochte diesen Bedarf bald nicht mehr zu decken. Sevilla, Spaniens einziger erlaubter Handelshafen für Amerika, bezog Erzeugnisse deutschen, niederländischen, englischen Gewerbfleißes. Auch an diesem Verkehr haben sich die Hansen lebhaft beteiligt. Die direkte Fahrt nach Portugal und Spanien nimmt bei ihnen mit dem beginnenden 16. Jahrhundert einen bedeutenden Aufschwung.

Mit dem neuen Handel belebte sich auch der alte. Die portugiesischen und spanischen Weine kommen stärker auf neben den französischen. Getreide und die Erfordernisse des Schiffbaus, die die Ostsee in so reicher Fülle lieferte, verschiffte man in Mengen nach Spanien und Portugal und nahm in Setubal und San Lucar Salz, das man bisher nur in der „Baie", südlich der Loiremündung, erworben hatte, als Rückfracht. Auch Wolle, Kork, Öl und Südfrüchte wurden ausgeführt. Durch das ganze 16. Jahrhundert spielte dieser Betrieb in der deutschen Schiffahrt eine Rolle; für Hamburg betrug er in der ersten Hälfte des 17. noch ein Fünftel des gesamten Verkehrs.

Es wird nun bemerkt, daß außer Spaniern und Portugiesen auch andere europäische Völker in die überseeische Fahrt eingetreten seien, die Hansen hier aber gefehlt hätten. Das ist richtig. Doch ehe man daraus eine Schlußfolgerung zieht, hat man sich zu vergegenwärtigen, in welcher Weise und unter welchen Umständen dieses Eintreten geschehen ist. Franzosen und Engländer haben fast gleichzeitig mit Spaniern und Portugiesen versucht, in Amerika Fuß zu fassen. Was aber für sie noch zu haben war, erschien damals wertlos, und so gaben sie die Versuche bald wieder auf; von dauernden Entwicklungen reicht nur die später so wichtige Neufundländer Fischerei der Franzosen und Engländer ins 16. Jahrhundert zurück. Die Niederländer haben sich in dieser Zeit um Amerika überhaupt nicht bekümmert, eben so wenig die Italiener oder irgend eine andere Nation. Nach Indien ist bis ins letzte Jahrzehnt des 16. Jahrhunderts außer den Portugiesen überhaupt niemand gesegelt. Die erfolgreiche Teilnahme anderer Nationen als der spanischen und portugiesischen an amerikanischer und indischer Schiffahrt und Kolonisation gehört späteren Zeiten, dem 17. und 18. Jahrhundert, an. Früher haben sie an den Folgen, welche die Entdeckung Amerikas und die Auffindung des Seewegs nach Ostindien nach sich zogen, in keiner anderen Weise teilgenommen als die deutschen Hansen auch, nämlich in der Form eines verstärkten Verkehrs mit der Pyrenäischen Halbinsel.

Und doch läßt sich in eben diesem Verkehr erkennen, daß die Hanse im Niedergang begriffen war. Wäre sie durch das 16. Jahrhundert in der alten Stellung geblieben, so hätte sie auch hier den Meister gespielt. Aber sie wurde in den spanischen und portugiesischen Häfen bald von den Holländern überflügelt, und die Engländer taten es ihr mindestens gleich. Die Ursachen dieser Wendung aber lagen auf einem ganz anderen Gebiete.

Die Friesen von der Schelde bis gegen den Dollart, die Bewohner der Lande Seeland, Holland und Westfriesland, lassen sich ununterbrochen bis in die Zeiten der Karolinger hinauf als Händler und Seefahrer verfolgen. Es war eine ländliche, fast bäuerliche Bevölkerung, die von Kindesbeinen an mit dem Meere vertraut war. Von 310 holländischen (und zwar allein nordholländischen) Schiffen, die 1531 durch den Sund fuhren, waren nur 38 Amsterdamer! Aus diesen Gebieten scheint auch zuerst die direkte Fahrt in die Ostsee, jedenfalls zu den Fischereiplätzen des Sundes, unternommen worden zu sein. Schon im 13. Jahrhundert werden diese Friesen von Lübeck einer-, von den Städten Kampen und Zwolle andererseits als Konkurrenten im Ostseehandel angesehen, denen nicht erlaubt werden könne, in direkter Fahrt nach Gotland zu segeln, wie es den Goten nicht gestattet werden dürfe, die Westsee zu befahren. Sie sind dann doch in dieser Fahrt geblieben, haben sich auch im großen Kriege der Hanse gegen Waldemar Atterdag mit dieser verbündet, auf den Märkten Schonens und im dortigen Heringshandel behauptet. Im Laufe des 15. Jahrhunderts wachsen sie mehr und mehr zu gefährlichen Rivalen des hansischen Handels an seiner Nährquelle heran. Ihre Lage vor den Toren von Brügge und Antwerpen begünstigte das. Die burgundische Herrschaft, unter die sie dem Namen nach gerieten, hat sie von den utrechtschen und geldernschen Nachbarn schärfer geschieden und ihre Entfremdung von der Hanse beschleunigt. Zu Ende des Mittelalters erschien den Lübeckern und ihren Nachbarstädten von Hamburg bis Stralsund kaum irgend etwas so notwendig wie die Ausschließung der Holländer von der Ostsee. Den neuen Königen, die Lübeck 1523 an die Stelle des vertriebenen Christian II. setzte, Friedrich von Schleswig-Holstein in Dänemark und Gustaf Wasa in Schweden, legte es die Verpflichtung auf, die Holländer von der Fahrt durch den Sund und von ihren Ländern auszuschließen. Aber die erlangten Zusagen mußten dem Drucke der Interessen weichen; nur durch überlegene Waffengewalt hätte ihre Erfüllung erzwungen werden können. Der verwegene Versuch, den Lübecks revolutionärer Bürgermeister Jürgen Wullenwever in dieser Richtung mit der „Grafenfehde" machte, scheiterte vollständig. In der Niederlage der städtischen Flotte vor Svendborg durch die vereinigten Seestreitkräfte Dänemarks, Norwegens, Schwedens, Preußens und der Herzogtümer (1535) sank die hansische Seeherrschaft in Trümmer. Jeder weitere Versuch, die skandinavischen Staaten durch Verträge und Vereinbarungen näher an sich als an die Niederlande zu ketten, mußte als aussichtslos aufgegeben werden. Damit war das gesamte skandinavische und baltische Handelsgebiet den Niederländern zu freier, gleichberechtigter Konkurrenz geöffnet.

Daß diese Konkurrenz für die Hanse vernichtend wurde, daß sie nicht ein bloßes Zurückdrängen blieb, dafür sind nun wieder allein und ausschließlich politische

Hergänge entscheidend gewesen. Eine der wesentlichsten Stützen der deutschen Ostseeherrschaft war seit seiner Begründung der livländische Ordensstaat. Das 16. Jahrhundert sah ihn zu Grabe gehen. Russen und Polen, Dänen und Schweden zankten sich um die Beute. Livlands Fall und eine unglückliche Familienverbindung schufen jenen unheilvollen, früher nie gekannten Gegensatz zwischen Schweden und Polen, der den Moskowiter aus dem innersten Winkel des Finnischen Meerbusens an die offene Ostsee führte. Das Deutsche Reich hätte helfen und seinen jahrhundertelangen Besitz verteidigen sollen. Es hat auch nicht an Stimmen gefehlt, die das dringend und laut forderten. Aber das Haus Habsburg hatte hier nichts zu suchen, und wo hätte im 15. und 16. Jahrhundert ein Reichsinteresse kräftige Vertretung finden können, an dem Österreich nicht beteiligt war? In den Hansestädten ward die drohende Gefahr klar erkannt; aber in den Kampf der nordischen Monarchien mit eigenen Ansprüchen erfolgreich einzugreifen, dazu fehlte Lübeck und seinen Genossen die Macht. Schweden machte sich zum Herrn von Estland und Reval und hatte nun auf beiden Seiten des Finnischen Meerbusens festen Halt. Zugunsten seines neuen Besitztums, dann um den verfeindeten Russen die Zufuhr von Waffen und Kriegsbedarf abzuschneiden, verbot es die Fahrt nach Narwa, das seit einiger Zeit Umschlagsplatz des russischen

Handels geworden war. Die trotz dieses Verbots im Sommer 1562 erschienenen Schiffe ließ Erich XIV. wegnehmen. Es waren darunter gegen 40 lübische. Die gab er nicht wieder heraus, während Niederländer, Engländer, Schotten, die ebenfalls die Fahrt unternommen hatten, mit einer kurzen Beschlagnahme davon kamen. Der Schwedenkönig fürchtete die Macht der Stadt nicht mehr, die vor 40 Jahren seinen Vater, den flüchtigen Gustaf Wasa, mit ihrem Gelde, ihren Schiffen und Mannschaften auf den schwedischen Thron gesetzt hatte.

Diese Unbill hat die Travestadt veranlaßt, ihren letzten Krieg zu führen, in dem hartnäckiger und blutiger gekämpft worden ist als fast in allen früheren. An der Seite Dänemarks, des alten Gegners, schlug Lübeck gegen Schweden die Seeschlachten des Nordischen Siebenjährigen Krieges, und seine Bürger und Ratsherren ernteten noch einmal reiche kriegerische Ehren. Im Frieden zu Stettin (1570) ward Lübeck die ungehinderte russische Fahrt zugestanden, ihm auch eine Geldentschädigung zugesagt. Aber von dieser hat es nie etwas erhalten, und die Narwafahrt ward von den Schweden schon im nächsten Jahre wieder verboten. Als Lübecks Schiffe im Sommer 1572 trotzdem erschienen, wurden sie abermals weggenommen. Allein einen neuen Krieg zu beginnen — die Dänen durften ungehindert verkehren —, wäre Selbstmord gewesen. Es blieb nichts übrig als zu dulden.

Allerdings hat man das nicht schweigend getan. Hätten Tinte und Druckerschwärze und die Geschicklichkeit und Beredsamkeit von Gesandten helfen mögen, die Sachen hätten noch recht werden können. Aber hier ward kein anderer Mund mehr gehört als der eherne der Feuerschlünde. Die wohlerworbenen Rechte der deutschen Kaufleute wurden mit Füßen getreten; die Verträge, in denen sie verbrieft waren, waren nicht mehr das Pergament wert, auf dem sie geschrieben standen. Von allen Seiten brach es über die Hanse herein. Die beiden nordischen Königreiche waren in ihrem Bestande gefestigt; ihre neuen Dynastien fühlten sich sicher auf ihren Thronen. Die Macht der Krone war, besonders in Schweden, im Steigen begriffen. Hier hatte schon Gustaf Wasa sich all der Verpflichtungen entschlagen, die er einst im Drange der Not für die unentbehrliche Hilfe auf sich genommen. Unter ihm und seinen Nachfolgern bis zu Gustaf Adolf hin wurde speziell der lübische Handel fast ganz aus dem Reiche verdrängt. In Dänemark hatte Friedrich II. (1559—88), Lübecks Bundesgenosse im Siebenjährigen Kriege, noch eine gewisse Rücksicht geübt, obgleich er seine Herrschaft über den Sund auch eigenwillig genug ausnutzte. Sein Sohn und Nachfolger Christian IV., geradezu von Haß erfüllt gegen selbständiges Städtewesen und „Bürgerkönige", räumte auf mit den verbrieften Privilegien, träumte sogar von Unterwerfung deutscher Städte. Dazu kam der Rückgang des schonenschen Heringsfanges gegen die Mitte des Jahrhunderts, das völlige Verschwinden des Fisches aus den Gewässern des Sundes bald darauf. Die Fischereigründe verlegten sich in den Skagerrak und bald hinaus in die offene Nordsee. Allerdings suchte der hansische Kaufmann dem Betriebe zu folgen; aber er mußte an den entlegeneren Plätzen bald das Feld räumen vor Dänen und Norwegern, Holländern und Engländern. Die mittelalterliche deutsche Handelsmacht in den skandinavischen Ländern sank in Trümmer. Teils nahmen die emporsteigenden nordischen Nationen zurück, wozu sie die nächsten waren, teils traten Niederländer und später Engländer in das Geschäft. Nur der unumgängliche Austausch, den das entwickeltere Städteleben, die südlicheren Wohnsitze des deutschen Nachbarn mit sich brachten, blieb bestehen.

Und nicht anders erging es zu gleicher Zeit in England. Bei keinem Volke Europas ist so früh ein nationaler wirtschaftlicher Wille erwacht wie bei den Angelsachsen. Seit dem 14. Jahrhundert bekämpfte die Richtung auf die See und ihren Erwerb die entgegenstehenden Interessen und suchte Königtum und Parlament für sich zu gewinnen. Als die dynastischen Kämpfe ausgetobt hatten, das Haus Tudor mit Heinrich VII. und Heinrich VIII. in den Besitz fester königlicher Gewalt gelangt war, stand die Nation entschlossen und gerüstet, am Gewinn des Meeres den Anteil in Anspruch zu nehmen, zu dem ihre Lage und ihre Begabung sie vor anderen zu berechtigen schien. Seit der Mitte des 16. Jahrhunderts regt sich in England eine ganz ungewöhnliche maritime Unternehmungslust. Nach einander entstehen die Moskau-, die Ostland-, die Türkei-Kompagnie. Jene eröffnet die ganz neue Archangelfahrt, dringt durch Rußland bis Persien vor; die „Ostländer" bemühen sich, die englische Flagge im Baltischen Meere in Aufnahme zu bringen; die türkische Gesellschaft, von der Mitglieder in den 80er Jahren über Aleppo und Bagdad Indien erreichen, betreibt den Levantehandel. 1553 beginnt die Guineafahrt und bald darauf der englische Negerhandel nach Westindien, dessen Bedeutung der Ausspruch charakterisiert, Liverpool sei mit Negerschädeln gepflastert. Die Engländer werden die ersten, die den Spaniern in ihre Kolonien folgen. Jahre, bevor der offene Krieg zwischen Spanien und England entbrennt, brandschatzt englische Kaperei die spanische Schiffahrt. Was den Piraten Drake zum Weltumsegler machte, ist bekannt. Der rastlose, projektenreiche Walter Raleigh beginnt seine amerikanischen Kolonisationsversuche. An der Neufundländer Fischerei gewinnen die Engländer einen dauernden Anteil.

Daß ein derartig reger, fast fieberhaft erregter Unternehmungsgeist nicht haltmachen würde vor hansischen Statuten und Urkunden, lag auf der Hand. Seit zwei Jahrhunderten hatten englische Schiffer und Kaufleute die Handelsstellung der Hansen in ihrem Lande bekämpft. Sie hatten mehr als einmal die Regierung zum offenen Kriege zu drängen gesucht. Entscheidende Schritte haben sie auch nach den Tagen der Rose bei ihren Königen lange nicht durchzusetzen vermocht; die Beziehungen, die zwischen dem hansischen Kaufmann und dem Hof bestanden, haben sich als ziemlich fest erwiesen. Erst Elisabeth lenkt entschieden in eine andere Bahn. Ihr gebührt das Lob eines überaus feinen Verständnisses für die Seele ihres Volkes, empfänglichsten Mitgefühls für alles, was unter ihren Untertanen nach Entwicklung und Gestaltung rang. Daß der Drang nach wirtschaftlicher und vor allem maritimer Betätigung der Volkskräfte alles andere überwog, konnte ihr nicht entgehen, und so willig wie entschieden stellte sie die Kraft der Regierung in den Dienst dieses Strebens. Die Hansen weiter zu schonen, fand sie keinen Anlaß. Widerstand, auf den man hätte Rücksicht nehmen müssen, vermochten diese ja nicht zu leisten. So setzte man sich einfach über ihre verbrieften Rechte hinweg. Mitten in ihren Reihen fand man in Hamburg ein Glied, das bereit war, in ausschließlicher Verfolgung des eigenen Interesses den Vorkämpfern des englischen Handels, der Gesellschaft der „wagenden

Kaufleute" (merchant adventurers), in seinen Mauern eine Stätte zu bereiten, eine Haltung, die denn doch nicht ganz die Lobpreisungen verdient, die ihr neuerdings zuteil geworden sind. Der englische Kaufmann gelangte in den ausschließlichen und kaum mehr angefochtenen Besitz des wichtigen, gewinnreichen Tuchhandels bis nach Binnendeutschland hinein und gewann lange vor der Navigationsakte im deutsch-englischen Geschäft eine Stellung, die es überwiegend in seine Hände legte.

In ihrer Not hat die Hanse am Reich eine Stütze gesucht. Die Seestädte waren in ihren guten Tagen nicht gewohnt, sich viel um Kaiser und Reich zu kümmern. Sie erfüllten die pekuniären oder militärischen Pflichten, die sich aus den Reichstagsverhandlungen ergaben, und behelligten im übrigen Kaiser und Reich nicht mit ihren auswärtigen Angelegenheiten, weil das nutzlos war. Ertrinkende aber greifen nach dem Strohhalm. In ihrer hilflosen Angst gegenüber dem übermächtig andrängenden Auslande versuchte die Hanse, die Häupter der Nation für sich mobil zu machen. Ohne Erfolg! Nicht als ob es in Binnendeutschland an jedem Verständnis gefehlt hätte für das, was an der Seekante zugrunde ging. Kurfürst August von Sachsen, nächst dem Kaiser der einflußreichste deutsche Fürst in der zweiten Hälfte des 16. Jahrhunderts, hat die Auffassung vertreten, daß man bei diesen Händeln denn doch nicht ruhig zuschauen dürfe; er fand, daß sie auch seine eigenen Lande angingen. Auch sonst treffen wir vereinzelt auf entschiedene, fürstliche und adlige, Verfechter der Anschauung, daß Deutschland nicht bestehen könne ohne eine starke Vertretung seiner Verkehrsinteressen zur See. Aber es waren Stimmen in der Wüste. An kaiserlichen und Reichsmandaten hat es allerdings im englischen und im livländischen, im schwedischen wie im dänischen Streite nicht gefehlt. Aber vor denen fürchtete sich kaum noch ein gartender Landsknecht, geschweige denn Elisabeth von England oder ihre Brüder auf den Thronen von Schweden und Dänemark. Nie war ja das Reich politisch eine geringere Macht als in der Zeit von den Hussiten bis zum Dreißigjährigen Kriege, und an dieser Reichslosigkeit, an dem gänzlichen Verfall des politischen Könnens der Nation als solcher gingen die deutsche Hanse, der deutsche Handel und die deutsche Seegeltung zugrunde.

So ward den deutschen Städten und deutschem Handel verderblich und verhängnisvoll, was einst ihre Entwicklung begünstigt hatte. Die Freiheit der Bewegung auf dem alten Reichsboden war ihnen zugute gekommen; jetzt zeigte sich die Kehrseite. Sie entbehrten schmerzlich die Möglichkeit der Anlehnung an einen starken nationalen Staat. Das Fürstentum hätte diesen Mangel einigermaßen ersetzen können. Nach dem Dreißigjährigen Kriege haben Hamburg und Bremen in der Verteidigung ihrer Unabhängigkeit gegen Dänen und Schweden an Brandenburg und Braunschweig-Lüneburg eine Stütze gefunden. Aber im 16. Jahrhundert hat kein Fürst für die Städte eine Hand gerührt. Sie erschienen als fremdartige Bildungen am Körper des Reiches, als lästige Durchbrechung des landesfürstlichen Prinzips. Sie hatten ihre wirtschaftlichen Interessen oft einseitig und engherzig vertreten, zum Schaden des umgebenden Landes alles Gewerbs- und Verkehrsleben in ihren Mauern zu vereinigen gesucht. Noch war die Zeit, wo man die oberste Aufgabe darin erblickte, sie wieder einzufügen in die Territorien, auf deren Entwicklung nun einmal die Zukunft beruhte. So sah man ihrer Bedrängnis teilnahmlos zu. Die Hanse selbst, von jeher in verschiedene, selten völlig geeinte Interessengruppen gegliedert, hatte seit den Schlägen in Wullenwevers Tagen fast allen Zusammenhang verloren. So war überall Auflösung, Zersplitterung, nirgends ein Ansatz zu gesunder neuer Machtbildung. Denn die an der See gelegenen fürstlichen Territorien waren entfernt nicht imstande, das Erbe der sterbenden Hanse anzutreten. Und diese Lage gegenüber der zielbewußten Politik fest gefügter nationaler Staaten! Der Ausgang kann nicht wundernehmen.

An die Stelle der Hansen traten die Niederländer, Leute deutscher Art und deutschen Blutes, die erst jetzt durch ihre glänzende maritime Entwicklung sich völlig vom Reiche lösten. Es ist bemerkt worden, wie sie Boden gewannen im Ostseehandel. Sie bekamen dort höchstens von dem Kelche zu nippen, den die Hansen bis auf die Hefe leeren mußten. Sie waren die Untertanen der Herren zweier Welten. Wer ihnen im Sund oder in der Ostsee ein Haar krümmte, bekam es mit der spanischen Macht zu tun, die bei gutem Willen zu erhalten Schweden wie Dänemark Anlaß genug hatten. Um die Stimmung des leicht erregbaren Volkes nicht zu verderben, hat die spanische Statthalterschaft sorgfältig Rücksicht genommen auf die Verkehrsinteressen besonders der nördlichen Niederlande; Störungen in der Kornzufuhr aus der Ostsee suchte sie möglichst zu vermeiden. So erstarkten noch unter spanischer Herrschaft diese von jeher betriebsamen Gebiete zum seebeflissensten Lande Europas. Als sie sich dann frei machten, konnten sie fessellos ihren Erwerbsinteressen nachgehen. Man sagt ihnen nach, daß sie Antwerpen hätten in die Hände der Spanier fallen lassen, um eine lästige Konkurrenz los zu werden. Die Stadt hatte, begünstigt vor allem durch ihre unvergleichliche Lage an der tiefsten Strommündung Europas, seit dem Ausgange des 15. Jahrhunderts das stolze Brügge, das in seinem Übermut Kaiser Maximilian selbst gefangen gesetzt hatte, völlig in den Hintergrund gedrängt. „Das allgemeine Magazin von Europa" nennt sie Bentevoglio. Ihr Fall

(1585) schuf den Holländern ungemessene Vorteile, versetzte der Hanse einen neuen, harten Schlag. Noch 1564—68 hatte diese mit schweren Kosten das gewaltige „Haus der Osterlinge" geschaffen[1], eines der beredtesten Zeugnisse, daß die Hanse sich damals noch lange nicht selbst aufgab, daß es nicht Mangel an Unternehmungsgeist war, was sie zugrunde richtete. Jetzt trat Amsterdam als Weltmarkt an Antwerpens Stelle. Die deutschen Seestädte waren ihrem gefährlichsten Rivalen in die Hand und preisgegeben.

Die holländische Seeherrschaft hat gleich der hansischen und dadurch abweichend von der englischen so gut wie ausschließlich merkantile Ausbeutung erstrebt. Es gründet sich das nicht in erster Linie auf den überlieferten Geist des Völkleins, sondern vor allem, wie bei der Hanse, auf die Beschränktheit der nationalen und politischen Basis, auf der die erlangte Größe aufgebaut war. In den Niederlanden waren Kaufmann und Schiffer schwer an Unternehmungen heranzubringen, die nicht einen baldigen und sicheren Gewinn in Aussicht stellten. Monarchisches Regiment und adliger Stand, die in England so folgenreich eingegriffen haben, besonders in die koloniale Tätigkeit, kommen für die niederländische Entwicklung wenig

---

[1] Es ist 1893 abgebrannt. Die Stelle ist jetzt wieder in deutschem Besitz; sie gehört der Badischen Aktiengesellschaft für Rheinschiffahrt und Seetransport, die dort ihren Lagerplatz hat.

oder gar nicht in Betracht. So sind ihnen denn die Engländer auch in den Unternehmungen übers Weltmeer fast überall vorangegangen. Die Holländer folgten erst durch Zwang getrieben. Nach Ostindien fuhren sie, als die Spanier ihnen Lissabon (Portugal ward ja 1580 von Philipp II. unterworfen) nicht nur verboten, sondern auch nach zunächst lässiger Durchführung des Verbots zur Wegnahme niederländischer Schiffe schritten. Die Schließung der spanischen Salzhäfen nötigte sie, den unentbehrlichen Handelsartikel an der afrikanischen Küste zu suchen. Die Erschwerung ihrer Kornzufuhr nach Spanien und Portugal hat ihre Getreideflotte ins Mittelmeer nach den italienischen Plätzen getrieben. Als Philipp III. 1603 alle Einfuhr wie Ausfuhr, die nicht nachweisen konnte, daß sie weder durch Ware noch Schiff mit den Niederländern in Verbindung stehe, mit einem Zuschlagszoll von 30 Prozent belegte, zwang er diese, direkten Verkehr mit den spanischen Kolonien zu suchen und im Schmuggelhandel die Waren abzusetzen, die sie bisher gewohnt waren — zum großen Teil aus deutschen Bezugsquellen — für den amerikanischen Bedarf nach Sevilla zu liefern. Durch Jahrzehnte haben die Niederländer einen blühenden und gewinnbringenden Handel mit der Monarchie Philipps II. unterhalten, obgleich sie mit ihr um ihre politische Existenz einen Kampf auf Leben und Tod führten. Ihre Regierenden duldeten das, weil sie den Gewinn, der so erzielt wurde, höher einschätzten als die Stärkung, die der Gegner erfuhr, und in Spanien sah man lange durch die Finger, weil es sich um Waren handelte, für die man die niederländische Zufuhr schwer entbehren konnte. Dieser ganze, inmitten des Kriegsstandes lange fortgeführte Verkehr aber bewegte sich auf Linien, auf denen auch die Hanse, wie wir gesehen haben, noch vertreten war. Da die Anlässe, welche die Niederländer nötigten, ihn in weitere, in transozeanische Bahnen zu lenken, für die Hanse niemals eingetreten sind, so fehlte für diese durchaus der Anreiz, sich gleichfalls in fremden Erdteilen zu versuchen.

Und nun ist charakteristisch für die Entwicklung der Dinge und ausschlaggebend für ihre Beurteilung, daß für die Niederländer auch nach Eröffnung ihrer ostindischen und amerikanischen Handelsverbindungen der weitaus wichtigste und gewinnreichste Teil ihres Verkehrs der alte in den europäischen Gewässern blieb. Für jedes einzelne Schiff, das die Ostindische Kompagnie nach dem Osten sandte, gingen 100, ja mehr aus den Niederlanden ins Baltische Meer. Walter Raleigh, der 1603 seinem neuen Könige eine Denkschrift vorlegte über die gewaltigen Handelsleistungen der Holländer und alles nach Kräften ausmalte, um zur Nacheiferung anzureizen, erwähnt den ostindischen Handel überhaupt nicht. Während des ganzen 17. und

18. Jahrhunderts zählen die englischen wie niederländischen Indienfahrer stets nur nach Zehnern. Es ist richtig, daß ein Schiff auf der Ostindienfahrt, trotz der in der Regel mehrjährigen Dauer, einen höheren Gewinn zu erzielen pflegte als im Ostseehandel, daß die dorthin gesandten Schiffe auch durchschnittlich größer waren; der Gesamtwert der beiden Verkehrszweige steht trotzdem außer allem Verhältnis. Noch im Jahre 1666 steckten $3/4$ des Kapitals der Amsterdamer Börse im Ostseehandel; er war „die Herzader der nationalen Wohlfahrt". Von 1035 Schiffen, die vom 19. Juni bis zum 16. November 1645 durch den Sund gingen (allerdings eine Zeit, in der eine holländische Flotte die Meerenge besetzt hielt), waren 986 Niederländer! Nächst der baltischen Fahrt kam die Heringsfischerei in der Nordsee in Betracht. Man weiß, worauf das Sprichwort Amsterdam gebaut sein läßt. Würde es dem Heringe den Ostseehandel hinzufügen, es wäre buchstäblich wahr. Nach de Witt waren im Heringsfange 1669 über 1000 Schiffe beschäftigt. Dazu kam der Stockfischhandel und Walfischfang. Im letzteren (Grönlandfahrt) wurden 1721 unter 355 Schiffen 251 holländische gezählt (beiläufig: nicht ein einziges englisches! Die Engländer sind in diesem rauhen Betriebe nie heimisch geworden). Man berechnet, daß die Niederländer in den Jahren 1676—1721 mit 5886 Schiffen 32 907 Walfische im Werte von $16^1/_2$ Millionen

Pfund Sterling gefangen haben. Die Unzahl Hände, die dieser nordeuropäische Seeverkehr zu Wasser und zu Lande in Tätigkeit setzte, Hände, die fast ausnahmslos unentbehrlichem, geringen Schwankungen unterworfenem Bedarf dienten, gaben dem niederländischen Erwerbsleben dieser Tage jenen Charakter unübertroffener, stetiger Regsamkeit und Ergiebigkeit, den alle Zeitgenossen rühmen. Allein die Zahl der direkt und indirekt von der Fischerei Lebenden gibt de Witt auf 450 000 Personen an. Im Kornhandel, der sich auf die baltischen Lande gründete, errangen die Niederländer bald eine beherrschende Stellung. Raleigh nennt Amsterdam das Kornmagazin von Europa; es wurde sogar ein Hauptlieferant für Hamburg. De Witt rühmt 1669, daß man seit dem Westfälischen Frieden aus dem spanischen Handel die Engländer und Osterlinge verdrängt habe, daß Spaniens Küste fast nur von niederländischen Schiffen besegelt werde, daß Spanier und Portugiesen für ihre Fahrten nach beiden Indien niederländische Schiffe mieten. Die Ausfuhr der spanischen Wolle kam auch fast ganz in die Hände der Niederländer. In allen diesen Betrieben aber handelte es sich um Erwerbszweige, an denen den Deutschen ihr Anteil hätte zufallen müssen, wenn sie noch imstande gewesen wären, ihr Recht an der See zu behaupten. „Es ward ihnen gleichsam das Brot vor der Faust abgeschnitten." Es ist nicht anders, die Niederländer haben sich ihren Wohlstand vor den Türen Deutschlands und aus Deutschland selbst geholt, auf den Meeren, die Deutschlands Küsten bespülen, auf denen Deutsche einst die Herren gewesen waren, in den Betrieben, durch die Deutschland emporgeblüht war, und die jetzt in den entwickelteren Verhältnissen, bei der allgemeinen Steigerung des internationalen Verkehrs noch viel reichere Erträge lieferten, als früher möglich gewesen war.

Es erheben sich nun immer noch Stimmen, welche, die entscheidende Durchschlagskraft der politischen Entwicklung in diesen Fragen verkennend, für den Rückgang der Hanse andere Dinge verantwortlich machen möchten: Mangel an Unternehmungsgeist, beschränkten Hang zum Veralteten. Daß es Hergänge gegeben hat, die so charakterisiert werden können, soll nicht geleugnet werden. Aber wo wären sie nicht zu finden bei einem sinkenden Volke, dem der Boden, aus dem seine Kraft stammt, unter den Füßen schwindet, und das sich nun ängstlich anklammert an alles, was ihm noch fest zu stehen scheint. Leicht ist der Mut unsern Altvordern von der Wasserkante nicht gebrochen worden. Auch in der trübsten Zeit hat sich die Mannhaftigkeit dieser Bevölkerung bewährt. Aber wie konnte sie Erfolg haben! Wie es Lübeck in der Ostsee erging, ist berichtet worden. Doch war damit die Stadt noch nicht von diesem Meere verdrängt. Die spanisch-englisch-niederländischen Kriege schienen Gelegenheit zu bieten, die hansische Flagge im Verkehr mit Spanien empor zu bringen. Das ist redlich versucht worden, mußte aber mißlingen, weil man nicht imstande war, gegen englische und niederländische Kaperei genügenden Schutz zu bieten. Der Deutsche hatte eben nicht mehr die Macht, seine Neutralität zu decken. Hansische, nach Spanien bestimmte Kornflotten wurden von den Engländern weggenommen. Wiederholt haben die Niederländer geradezu versucht, Elbe und Weser zu sperren. Die Dänen sind in diesen Wirren als Neutrale empor gekommen; die Anfänge größeren Seehandels stammen für sie aus ihren spanischen Fahrten mit Ostsee- und Nordlandserzeugnissen. Sie waren Herren des Sundes und konnten jede Unbill, die ihnen widerfuhr, besonders an den Niederländern, vergelten. Auch unter dem spanischen Kaperhafen Dünkirchen hat vor allem die hansische Schiffahrt gelitten. Gern hätte sie sich an der von den Engländern begonnenen Archangelfahrt beteiligt; die Islandreise hatte sie durch Jahrhunderte betrieben. Aber nur nach langen Streitigkeiten mit den dänischen Königen, die ihren Sundzoll geschädigt glaubten, haben die Engländer die Nordfahrt durchgesetzt; die Deutschen konnten gar nicht daran denken, sie zu erzwingen, denn jeder derartige Versuch würde sofort die volle Vernichtung ihrer dänisch-norwegischen Handelsstellung zur

Folge gehabt haben, und die war zweifellos wichtiger. Den gewohnten Handel nach Island hat ihnen Christian IV. einfach untersagt. Trotzdem ist es ihnen gelungen, an der Ausbeutung der Schätze, die damals zuerst in größerem Umfange den nordatlantischen Gewässern entnommen wurden, einen nicht unerheblichen Anteil zu nehmen. Unter den 355 Schiffen, die 1721 im Walfischfang beschäftigt waren, fanden sich neben den 251 niederländischen auch 55 von Hamburg und 24 von Bremen. Die entbehrungsreiche, schwere „Grönlandfahrt" ist für die Niederelbe und noch mehr für die Unterweser vom 17. bis ins 19. Jahrhundert ein wichtiger Nahrungszweig gewesen. Als die Engländer 1725 einen abermaligen Versuch machten, sie aufzunehmen, mußten sie sich deutscher Matrosen bedienen. Nicht Tatkraft und Unternehmungslust fehlten den deutschen Küstenbewohnern, wohl aber der unentbehrliche bewaffnete Schutz, ohne den der Seehandel eines Volkes immer nur in dem Umfange aufkommen kann, den fremde Nationen zu gestatten für gut finden.

Hier liegen auch die Gründe, warum es an jedem Versuche kolonialer Betätigung seitens der Hansestädte fehlt. Den Engländern und Niederländern folgten im 17. Jahrhundert Franzosen, Dänen und Schweden nach Ost- und Westindien und nach Nordamerika. Daß für den Erfolg hier aber ausschließlich die politisch-militärische Leistungsfähigkeit entscheidend war, beweist die Tatsache, daß nur die drei erstgenannten Nationen namhafte Ergebnisse erzielten, die sie in schweren und kostspieligen Kriegen zu verteidigen hatten. Wie hätte der deutsche Kaufmann daran denken können? Er mußte froh sein, wenn er auf dem alten Felde seiner Tätigkeit noch ein dürftiges Plätzchen behauptete. Die kolonialen Versuche des Großen Kurfürsten sind bekannt; sie konnten einem Staatswesen nicht gelingen, das von den unumgänglichen Erfordernissen seiner Festlandspolitik so vollauf in Anspruch genommen war. Frühere Pläne eines Kurländer Herzogs konnten nichts bedeuten. So blieben die begabtesten Kolonisatoren des Erdteils zu einer Zeit, wo das Beste der Welt vergeben wurde, ohne jeglichen Anteil, weil sie keinen Staat besaßen. Das Weltmeer mußten meiden, die sich an Seetüchtigkeit mit allen messen konnten, die auch in ihren traurigsten Zeiten die Meister der Schlachten blieben, weil sie als Volk nichts aufbrachten, was man als eine Wehrkraft zur See hätte bezeichnen können.

Es ist vereinzelt, auch von Seiten, wo man besseres Wissen hätte erwarten können, die ungeheuerliche Behauptung aufgestellt worden — man hört sie von gänzlich Unkundigen gelegentlich noch nachsprechen —, die gegen die Hanse aufsteigenden Konkurrenten, und zumal die Engländer, hätten ihren Sieg einer Art Freihandel zu verdanken. Hugo Grotius hat ja ein Mare liberum geschrieben und das Recht indischen Handels im Namen der Freiheit beansprucht. Die Engländer rechtfertigten ihr Eindringen in spanisch-portugiesische Gebiete mit ähnlichen Gründen. Aber wann ist diesen Nationen im 17. und 18. Jahrhundert jemals eingefallen, ein derartiges Recht anzuerkennen, wo sie die Meister waren? Nie hat bei ihnen in maritimen Dingen ein anderer Grundsatz gegolten, als: Recht ist, was gefällt und durchgesetzt werden kann. In diesen Fragen haben sie und andere nur eine Rücksicht gekannt, den eigenen Nutzen. Man hat dem deutschen Kaufmann vorgeworfen, daß er seine mittelalterliche Handelsübermacht gelegentlich brutal mißbraucht habe. Alles, was ihm in dieser Beziehung aufs Kerbholz gesetzt werden kann, ist unschuldiges Kinderspiel gegen die Greuel der Kolonisations- und Seegeschichte des 17. und 18. Jahrhunderts, einer Zeit, von der man doch zu sagen pflegt, daß sie angefangen habe, der Barbarei des Mittelalters zu entwachsen. Nie ist natürliches Recht schlimmer gebeugt, nie rohe Gewalt offener zur Geltung gebracht worden als in Handels- und Seefragen in der Zeit der holländischen und englischen Meeresherrschaft. Kann es ein größeres völkerrechtliches Monstrum geben als die jahrhundertelange vertragsmäßige Schließung der Schelde? Als Kaiser Karl VI. nach dem Spanischen Erbfolgekriege nicht ohne Erfolg von Ostende aus ostindischen Handel zu treiben versuchte, gerieten Holländer und Engländer in heftige Erregung. Sie beriefen sich auf die Bestimmung des Westfälischen Friedens, daß Spanier nicht nach Ostindien segeln sollten, und behaupteten, sie gelte auch für Belgien, auch nachdem es an Österreich übergegangen sei. Karl VI. mußte das glücklich begonnene Unternehmen nach zehnjährigem Bestehen aufgeben. Daß sämtliche Kolonialmächte ausnahmslos ihre Kolonien fremdem Verkehr fast hermetisch verschlossen haben, ist bekannt. Keine Macht aber hat brutaler und selbstsüchtiger ihre Seeinteressen vertreten als die Wogenherrscherin Britannia. Die Navigationsakte, diese charta maritima Englands, ist nur ein Glied einer langen Kette von gesetzgeberischen, diplomatischen und kriegerischen Maßnahmen, die sämtlich darauf abzielten, England eine unbestreitbare Seeherrschaft zu sichern. Daß England sich nicht scheute, die eigenen Kolonien rücksichtslos auszubeuten, daß es sie kaum minder scharf als die Fremden behandelte, wenn sie drohten, ihm Rivalen zu werden, ist eine bekannte Tatsache. Lange sind Schottland, Man, Irland als Ausland behandelt worden. Den Irländern ward erst nach dem Nordamerikanischen Freiheitskriege der Handel mit den Kolonien freigegeben.

Von besonderem Interesse ist, wie England über die Niederlande emporkam. Mit Händen ist es in diesen Hergängen zu greifen, wie für die Stellung im Welthandel nicht wirtschaftliches, sondern politisches und zumal militärisches Können endgültig entscheidend ist. Die Vorteile, welche die insulare Lage für die Einmischung in die kontinentalen Streitigkeiten bot, mußte Englands Machthabern klar werden, sobald sie nur fest auf ihrem Thron saßen. Der hochfahrende Ausspruch Heinrichs VIII.: Cui adhaereo praeest hat eine dauernde Gültigkeit bewiesen. Der jahrhundertelange Gegensatz der Häuser Habsburg und Bourbon, erst Spaniens, dann Österreichs Stellung gegen Frankreich, hat seine Anwendung erleichtert. Nach dem Verluste von Calais sind Englands Herrscher klug genug gewesen, Festlandsbesitz nicht mehr zu erstreben. Was ihnen aus ihrer Teilnahme an den europäischen Kriegen als Beute zufiel, wurde in Handelsverträgen, in maritimen Rechten und Kolonialbesitz angelegt. Die Nation drängte mit Ungestüm in diese Richtung, und jede Politik, die, mit welchen Mitteln auch immer, sie einschlug, war ihrer freudigen Zustimmung sicher. Allerdings ist der Weg Englands zu seinem Ziele kein direkter, kein gleichmäßig aufsteigender gewesen. Es hat, dank der Entwicklung seiner monarchischen Einrichtungen, mehr und stärkere Rückschläge erfahren als die Niederlande. Nach dem glänzenden Aufschwunge unter Elisabeth folgten schwere

Zeiten unter den beiden ersten Stuarts. 1625 wanderten die Krönungskleinodien noch einmal um 300 000 Pfund nach den Niederlanden. Der englische Handel machte kaum Fortschritte, ging vielleicht zurück. Eine Darlegung von 1615 berechnet für den Verkehr mit dem Mittelmeer 50 Schiffe, nach Portugal und Sevilla 20, Bordeaux 60, an die deutsche und niederländische Nordseeküste 35, in die Ostsee 30, nach Norwegen 5 Schiffe, verschwindende Zahlen gegen den gleichzeitigen Betrieb der Niederländer. Nur in Newcastles Steinkohlentransport und in der isländischen und neufundländer Fischerei zählen die Schiffe nach Hunderten.

Aber mit dem Protektor wird das anders. Die Navigationsakte von 1651, das endlich erreichte Ziel eines jahrhundertelangen Strebens, war vor allem gegen die Holländer gerichtet, sollte ihren auf allen Meeren eingenisteten Zwischenhandel treffen. Sehr richtig sagt Anderson hundert Jahre später: Ohne sie würde man jetzt 40 holländische Schiffe gegen ein englisches in den amerikanischen Kolonien sehen. Den Krieg, der über die Akte entbrannte, führten die Engländer glücklich, besonders durch ihre großen Schiffe, denen die Holländer gleich starke nicht entgegen zu setzen hatten. Diese mußten sich fügen. Erst nach einem zweiten blutigen Kriege, in welchem de Ruiter über die Flotten des leichtfertigen Karl II. Erfolge errang, ward ihnen im Frieden von Breda (1667) zugestanden, daß Waren, die den Rhein herunter nach Dordrecht gebracht würden, als holländische Produkte anzusehen seien. Aber gleichzeitig mußten sie neuerdings die Verpflichtung auf sich nehmen, in allen Gewässern zwischen Norwegen und der Bretagne ihre Schiffe vor den englischen das Topsegel streichen zu lassen. Die unter dem Losungswort „Freiheit der Meere" gegen die Spanier emporkamen, die dem Könige von Dänemark ein besonderes Anrecht auf die Nordlandsgewässer bestritten, entblödeten sich nicht, ein Herrenrecht auf die der eigenen Insel angrenzenden Meere gegen die Niederländer in Anspruch zu nehmen und durchzusetzen.

Dem Eroberungszuge Ludwigs XIV. gegen die Niederlande sich anzuschließen, ward England vor allem durch Handelsneid veranlaßt. Mit Mühe erwehrten sich die Staaten des übermächtigen Angriffs. Wenngleich sie ihn abwehrten, hat er doch ihre Blüte geknickt. In England bestand fortdauernd gegen die Niederlande die Gesinnung, welcher der Großkanzler 1673 im Parlament mit Carthaginem esse delendam Ausdruck gab. Der holländische Handel ging noch nicht zurück; es ist fraglich, ob das im 18. Jahrhundert überhaupt in erheblichem Maße geschehen ist. Aber er machte auch keine Fortschritte, während die englische Kriegs- wie Kauffahrteiflotte sich sogar unter den beiden letzten Stuarts verdoppelte. Die Verbindung Hollands mit England unter einem Herrscher ist jedenfalls der Entwicklung der niederländischen Kriegsflotte nicht zugute gekommen; Wilhelm III. suchte in den Niederlanden besonders die Landmacht zu entwickeln, während er in England die Flotte förderte. In den ersten Jahrzehnten des 18. Jahrhunderts ist Amsterdam von London überholt worden; um dieselbe Zeit dringt der englische Handel einerseits stark in der Ostsee, andererseits in Spanien vor. Von 1004 Schiffen, die 1734 in Cadiz einliefen, waren 596 englische und nur 147 holländische. Von Petersburg gingen 1749 70 Prozent der Ausfuhr nach England, 35 Prozent der Einfuhr kamen von dort. Die englische Ausfuhr nach Rußland stieg von 1702 bis 1780 fast aufs Zehnfache, von $2^1/_2$ auf 23 Millionen Mark. Die letzten Kriege gegen Ludwig XIV., die England und Holland gemeinsam führten, und in denen England schon die Rolle des Riesen spielte, der sich den Zwerg zum Kampfgenossen genommen hat, haben dessen Übergewicht mächtig gefördert. Die englische Kriegsflotte überflügelte die holländische vollständig; von 1660 bis 1715 stieg sie fast auf das Dreifache, von 62 000 auf 167 000 Tonnen, während diese kaum den alten Stand behauptete.

Selbst in Friedenszeiten hat das auf die Entwicklung des Handels einen ganz direkten Einfluß gehabt. Die Engländer vermochten ihren Handelsflotten viel stärkere Geleite (Konvois), die fast durchs ganze 18. Jahrhundert unentbehrlich blieben, mitzugeben. Sie bekamen dadurch im Frachtgeschäft einen weiten Vorsprung vor den Schiffen aller anderen Nationen. Auf nicht konvoyierte Schiffe Versicherungen abzuschließen, war schwer. So wuchsen die Engländer im Laufe des 18. Jahrhunderts zur seebeherrschenden Nation heran. Unmittelbar nach Ablauf des amerikanischen Unabhängigkeitskrieges erreichte die britische Flotte (ohne Irland und die Kolonien) die erste Million an Tonnenzahl. Gleichzeitig belief sich der Verkehr der Häfen des Königreichs auf weit über zwei Millionen Tonnen, von denen vier Fünfteile britisch, Zahlen, welche auch die glänzendsten niederländischen Zeiten weit hinter sich ließen. Am längsten haben sich die Holländer am Ausgangspunkte ihres Welthandels, im Ostseeverkehr, behauptet; sie blieben dort überlegen, bis sie unters französische Joch gerieten. Die Tatsache, daß England ein Hauptprodukt dieser Gebiete, Schiffsbauartikel, auch aus seinen nordamerikanischen Kolonien beziehen konnte und tatsächlich bezog, besonders seitdem Schweden sich 1703 weigerte, die Ausfuhr von Teer und Pech auf englischen Schiffen zu gestatten, verzögerte das Emporkommen. Als 1857 der Sundzoll abgelöst wurde, war England aber achtmal so stark beteiligt als die Niederlande, so daß sich auch hier das Verhältnis hergestellt hat, das zu dem Ausspruch Anlaß gab, das Auftreten einer Flagge in Sund und Ostsee sei ein Gradmesser für ihre Bedeutung im Weltverkehr. Die Zugänge zur Ostsee sind ja noch heute die befahrensten Meeresstraßen der Welt.

Es genügt hier eine beiläufige Erwähnung, daß neben Holland und England auch Frankreich eine Rolle spielte. Seit Ludwig XIV. und Colbert hat es wiederholt den Gedanken fassen können, England in maritimen und kolonialen Dingen den Rang abzulaufen. Der Siebenjährige Krieg und gründlicher die Jahre der Revolution und des Kaiserreiches räumten mit diesen Versuchen auf. Deutschland lag während dieser Zeit am Boden, war dazu verurteilt, sich von allen nördlichen und westlichen Nachbarn, ganz besonders aber von Holland und England, ausbeuten zu lassen. Und das war die Nation, die noch im 16. Jahrhundert die wohlhabendste Europas gewesen war! Dem durch die Hugenottenkriege heimgesuchten Frankreich war das damalige Deutschland an Volkszahl und Wohlstand überlegen; England konnte in diesen Punkten mit Deutschland im 16. Jahrhundert nicht in Vergleich gestellt werden. Nicht Mangel an Mitteln, an wirtschaftlichen Kräften war es, was Deutschland im 16. Jahrhundert zu teilnahmloser Untätigkeit in den Fragen des Erdteils verdammte, sondern seine vollständige politische Zerrissenheit. Der Dreißigjährige Krieg enthüllte den Abgrund, an dem man inmitten prunkvollen Wohllebens gestanden hatte, dessen Vorhandensein die gedankenlose Beschränktheit einer in roher Völlerei, in protzender Kunstpflege, in engherzigster Spießbürgerei versimpelten Zeit kaum ahnte. Als die grauenvolle Heimsuchung vorüber war, fanden sich die Mündungen der großen deutschen Ströme und Deutschlands beste Häfen in den Händen der Fremden; die Meere, die seine Küsten bespülten, gehörten ihnen. Was die Engländer einst „Deutschen Ozean" benannt hatten, war jetzt ein Zankapfel zwischen ihnen und den Holländern, und die Herrscher Dänemarks und Schwedens stritten um das dominium eben des Meeres, das durch die Deutschen der europäischen Geschichte und abendländischem Verkehr gewonnen worden war. Nur noch geduldet erschienen die Deutschen in diesen Gewässern. Sobald die Seemächte in Zwist gerieten — und wann war Ruhe zwischen Dänen und Schweden, Spaniern, Franzosen, Engländern und Niederländern? — war der deutsche Kauffahrer der Willkür schutzlos preisgegeben. 1690, nach Beginn des zweiten Reichskrieges gegen Ludwig XIV., ließ Wilhelm III., der Verbündete des Kaisers, die Schiffe der Hansestädte, der Dänen und Schweden im Kanal wegnehmen. Dänen und Schweden erhielten ihr Eigentum zurück, die Hansestädte nicht. Wiederholt hat der Fremde sich direkt vor die neutralen deutschen Ströme und Häfen gelegt und sie gesperrt. 1716 besetzten die Russen Travemünde. Im nächsten Jahre legte sich eine dänische Fregatte vor den dortigen Leuchtturm und untersuchte alle Schiffe, ob sie für Schweden geladen seien; das währte bis 1720. 1762 ward Travemünde abermals von den Dänen besetzt. In ähnlicher Weise war Lübeck schon von Christian IV. auf seinen eigensten Gewässern vergewaltigt worden. Elbe und Weser wissen Entsprechendes zu berichten. Es ist eine lange, empörende Leidensgeschichte. Wenn je die Hanse ihre Übermacht mißbraucht hatte, es ward ihr jetzt mit Wucherzinsen heimgezahlt. Die fremden Mächte dehnten ihre Handelsverbindungen bis tief ins Binnenland aus. Die Niederlande monopolisierten den gesamten Rheinhandel; sie lieferten alle Produkte und kauften alle Waren bis hinauf gegen die Grenzen der Eidgenossenschaft. Die Rheinstädte verödeten. Köln war trotz seiner unvergleichlichen Lage 1800 nur noch ein Schatten von dem, was es 250 Jahre früher gewesen war.

Dazu kamen die freundnachbarlichen Territorial- und Hoheitsstreitigkeiten aller Art. Bremen ward das Joch des Elsflether, Hamburg das des Stader und Glückstädter Zolles auferlegt. Was Zoll- und Stapelansprüche für den binnenländischen Verkehr bedeuteten, ist bekannt. Als das Herzogtum Bremen braunschweig-lüneburgisch geworden war, verfügte Seine Königl. Großbritannische Majestät als Herr ihrer Erblande, daß englische Schiffe vom Stader Zoll befreit sein sollten! So konnten deutsche Landesherren die

Fremden gegen ihre eigenen Landsleute begünstigen, während Hamburg und Bremen es als eine besondere Gnade anzusehen hatten, daß England ihnen gestattete, in Milderung der Navigationsakte als „ihre" Waren auch deutsche einzuführen. Die „schlechteste aller Landstraßen" nennt der hochverdiente, klar blickende Hamburger Historiker Wurm noch 1839 den Weg zwischen Hamburg und Lübeck, und doch war er einer der verkehrsreichsten Deutschlands. Die dänisch-holsteinische Regierung hat redlich das Ihre getan, um die Verbindung der beiden Städte durch Straße und Stecknitz-Kanal zu stören und den Transit auf ihr Gebiet und in ihre Häfen zu drängen. Die Geschichte der Lübeck-Büchener Eisenbahnverbindung liefert dazu noch in den vierziger Jahren unseres Jahrhunderts ein lehrreiches Nachspiel. Daß sich unter diesem Druck von den verschiedensten Seiten deutscher Seeverkehr nicht entwickeln konnte, braucht kaum noch bemerkt zu werden. Der Stand unserer Kenntnisse gestattet uns leider nicht, ein ziffernmäßiges Bild zu entwerfen, aber darüber kann kein Zweifel sein, daß wir an Geltung zur See auch von kleineren Nationen, von den Dänen z. B., überflügelt wurden, und daß die Bahnen, in denen sich deutscher Betrieb bewegte, bis ungefähr um die Mitte des 18. Jahrhunderts hin enger und enger wurden. So befanden sich unter 1004 nichtspanischen Schiffen, die 1734 in Cadiz einliefen, 596 englische, 228 französische, 147 holländische, 14 dänische, 13 schwedische, dagegen nur 2 deutsche, je eins von Lübeck und Hamburg, im Jahre 1759 unter 602 kein deutsches, 1761 unter 494 ebenfalls kein deutsches, dagegen 41 dänische. Dazwischen hat es allerdings günstigere Jahre gegeben; aber die deutsche Flagge ist zweifellos gegenüber ihrer Bedeutung in der ersten Hälfte des 17. Jahrhunderts stark zurückgegangen. Danzig war der erste Exportplatz für Ostseeartikel, und doch sandte es im 18. Jahrhundert nur alljährlich 2—3 eigene Schiffe in direkter Fahrt nach Spanien, wohin die Hälfte seiner gesamten Getreideausfuhr von 50—60000 Lasten ging.

Nicht ganz in dieses Gesamtbild hinein zu passen scheint Hamburgs unleugbares Wachstum im 17. und 18. Jahrhundert. Die Stadt ist in den Jahrzehnten vor dem Dreißigjährigen Kriege in eine neue Bahn der Entwicklung eingetreten. Sie hat mächtig gewonnen durch die Einwanderung flüchtiger Niederländer, besonders vertriebener Antwerpener Kaufleute und Gewerbebeflissener. Daß sie sich entschloß, die englischen „wagenden Kaufleute" bei sich aufzunehmen und den Gegensatz zur Hanse nicht scheute, hat sie auch gefördert. An Kapital und Unternehmungsgeist überflügelte sie andere deutsche Seestädte. Daß sie aber alle anderen in weitem Abstande hinter sich lassen konnte, das hat sie doch in erster Linie ihrer bevorzugten Lage zu verdanken. Als Friedrich der Große durch Wiederausgraben des

Magdeburger Stapelrechts den Stromverkehr gleichsam halbierte, war ihr Wohlstand schon zu fest begründet, als daß er bedenklich hätte erschüttert werden können. Durch geschickt angeknüpfte Beziehungen zu Frankreich ist sie ein Hauptfaktor im Vertriebe der französischen Kolonialprodukte, besonders des Zuckers, geworden, der im 18. Jahrhundert nirgends so reichlich erzeugt wurde wie in Frankreichs westindischen Besitzungen. Hamburg hat sich in diesem Artikel schon damals zum ersten Markt des Kontinents emporgearbeitet.

Wer aber in dieser Entwicklung, die Hamburg zeitweise zur größten und glänzendsten Stadt Deutschlands machte, etwas anderes sehen wollte als einen Beleg, was eine kluge und zähe Handelspolitik auch unter den denkbar ungünstigsten Bedingungen zu erreichen vermag, würde gewaltig in die Irre gehen. Wenn man die Verhältnisse vergleichend überblickt, drängt sich einem immer wieder der Ausruf auf die Lippen: Was hätte aus dieser Stadt und ihrem Hinterlande schon vor 100, 200, ja 300 Jahren werden können, wenn beide von einem handelspolitischen Willen gelenkt worden wären! Der tätige Vorsteher der Hamburger Kommerzbibliothek hat seinen früheren verdienstvollen Arbeiten 1897 eine neue „Die Hansestädte und die Barbaresken" hinzugefügt, eine jener wertvollen Spezialuntersuchungen, die für weitere Kreise ungeschrieben zu bleiben pflegen, und die doch in ihrer nackten Tatsächlichkeit so belehrend und überzeugend wirken wie nur je die glänzendste Deduktion. Hamburg wird hinausgedrängt aus der Mittelmeerfahrt, weil es den mit Algier abgeschlossenen Vertrag nicht aufrecht erhalten kann gegen Spaniens Opposition, der Dänemark sich siegreich widersetzt. Den Vertrag selbst erlangt es nur, weil es von Frankreich gefördert wird. Nur der Tatsache, daß Portugal mit den Barbaresken im Kriegszustande war und vor der Straße von Gibraltar kreuzen ließ, verdankte, wie Büsch berichtet, Hamburg die Möglichkeit, seit den 50er Jahren des 18. Jahrhunderts seine Schiffe noch bis Lissabon gehen zu lassen. 1709 verbot die portugiesische Regierung den Hamburgern, von Portugal nach Brasilien zu fahren, obgleich ihnen dieses Recht vertragsmäßig eingeräumt war; Holländer und Engländer durften die Fahrt fortsetzen. Die Hamburger ärgerten sich, daß sie „deterioris conditionis als andere nationes gehalten wurden", mußten sich aber fügen. Als 1693 das schottische Parlament eine selbständige Kolonisation Indiens plante und Hamburger Kaufleute Aktien zeichneten, drohte die englische Regierung dem Hamburger Rate, er „möge prekavieren, daß ein Unglück von Partikulieren und der Stadt abgewendet würde". Die Kaufleute waren sehr aufgebracht über diese Einmischung, meinten, „auf diese Art könne man sie von aller Handlung abbringen", zogen aber ihre Zeichnungen zurück.

Immer und immer wieder wird man auf den einen Punkt zurückgeführt: Der vorhandenen wirtschaftlichen Kraft fehlte die politische, die militärische Vertretung, sie zu decken und ihre Entwicklung zu sichern. „Das Ende vom Liede war immer dasselbe: Gedrängt von den Großmächten und erfüllt von der Furcht, auch noch das bißchen Handel zu verlieren, das in den ‚geschwinden Kriegsläuften' kümmerlich durchgeschleppt war, mußten die Hansestädte nachgeben und die Hoffnung, durch koloniale Expeditionen ihre Lage zu verbessern, schwinden lassen," sagt Baasch in seiner Geschichte der Handelsbeziehungen zwischen Hamburg und Amerika. In dieser Lage gerieten die Hansestädter vollständig in die Art von Politik hinein, die Gustaf Adolf an den Bremern, als sie in dem ängstlichen Bemühen, ihren Bergenhandel zu bewahren, die Gefahren übersahen, mit denen Christians IV. Pläne auf Weser und Elbe sie bedrohten, mit den Worten charakterisiert: „Sie seind zu Stockfischen geworden."

Die Farben unserer Flagge, die aus der preußischen und der alten hansischen erwachsen ist, sind eine dauernde Erinnerung an den Weg, der aus diesen trüben Zeiten wieder in lichtere hinauf geführt hat. Preußens Emporsteigen und die neue Blüte der Hansestädte durch den transozeanischen Verkehr sind die Wahrzeichen der neuen Entwicklung.

Die Gesundung der politischen Verhältnisse Deutschlands im Anschluß an die Erhebung Preußens zur Großmacht ist auch bald dem Seeverkehr zugute gekommen. Friedrich Wilhelm I. hatte die Odermündung wieder deutsch gemacht. Friedrich der Große versuchte Handelsgesellschaften zu gründen und war in jeder Weise bemüht, Handel und Schiffahrt seiner Staaten zu heben. Allerdings hatten die Gesellschaften nur teilweisen oder gar keinen Erfolg; auch war ausländisches, englisches und holländisches, Kapital in ihnen stark vertreten; dann hatten des Königs Bestrebungen überhaupt einen fast durchweg monopolistischen Charakter. Gleichwohl ist er es doch gewesen, der Preußen in die Reihe der seefahrenden Mächte eingeführt hat. Die preußische Schiffahrt hat sich in der zweiten Hälfte des 18. Jahrhunderts bedeutend gehoben. Stettin und Königsberg haben sich zu Plätzen entwickelt, die nicht nur neben dem polnischen Danzig und dem russischen Riga genannt werden konnten, sondern diese überflügelten; Memel und Kolberg belebten sich wieder. Unter den 1649 deutschen Schiffen, die 1792 durch den Sund gingen, waren 737 preußische, lübische nur 86, ein Beleg für den Wandel der Zeiten. Preußen ward später, nach den schweren Schädigungen der französischen Zeit, auch die erste Macht, die sich mit Erfolg der englischen Navigationsakte widersetzte und im Schiffahrtsvertrage von 1824 die volle Gleichberechtigung der beiden Flaggen durchsetzte. Sie gab dadurch Anlaß, daß England im nächsten Jahre auch gegen die Hansestädte mildere Saiten aufzog. Huskisson, der Präsident des Handelsamts, der liberalen Anschauungen zuneigte, erteilte diesen das nach Lage der Dinge denn doch zweifelhafte Lob, daß sie stets liberal gegen den englischen Handel gewesen seien, nie Repressalien versucht hätten, daß man ihnen daher nicht versagen könne, was man anderen gewähre.

Damit ward die deutsche Reederei von einer lähmenden Fessel befreit. Für Gesamtdeutschland lassen sich schwer Ziffern aufstellen, aber die Reederei Bremens z. B. stieg 1825—1854 von 15 300 auf 117 500 Registertonnen, die Hamburgs 1837—1865 von 26 000 auf 179 000, Oldenburgs 1835—1871 von 5400 auf 45 400, Mecklenburgs 1836—1871 von 39 600 auf 101 700, Preußens 1825—1865 von 75 000 auf 270 000 Registertonnen, also durchschnittlich eine Steigerung auf das 4—5fache in 30—40 Jahren! Die Handelsflotte Großbritanniens hob sich 1825 bis 1865 von 2 329 000 auf 5 760 000 Tonnen (1 Tonne = etwa $3/4$ Registertonnen), von 1825—1837 hat sie sich überhaupt nicht vermehrt. Im Zusammenhange damit, wenn auch natürlich überwiegend hervorgerufen durch den Übergang Englands zum Freihandel einerseits, die Entstehung des deutschen Zollvereins andererseits, steht die Zunahme des Warenaustausches zwischen England und Deutschland. Wenn man von

Ägypten absieht, so hat sich in den Jahren 1840—1870 Englands Ausfuhr nach keinem Lande so gehoben wie nach dem Zollverein, nämlich auf mehr als das 13fache, von 219 000 Pfund (4 380 000 Mark) auf 2 939 000 Pfund (58 780 000 Mark). Die Ausfuhr nach den Hansestädten stieg gleichzeitig von 5 286 000 Pfund (105 720 000 Mark) auf 16 899 000 Pfund (337 980 000 Mark), die nach Gesamtdeutschland von 5 583 000 Pfund (111 660 000 Mark) auf 20 243 000 Pfund (404 860 000 Mark). Nur die Ausfuhr nach den Vereinigten Staaten übertraf noch die nach Deutschland.

Wenn nun das Emporwachsen Preußens zu einer Macht von europäischer Bedeutung, die Vereinigung weiter deutscher Küstenstriche, wie sie in dieser Ausdehnung noch niemals von einem deutschen Staate beherrscht worden waren, unter seinem Zepter, dann die wirtschaftliche Einigung Deutschlands, die dieser Staat im Zollverein herbeiführte, den schlaffen Segeln deutschen Seelebens wieder einen erfrischenden Wind zuführten, so wurden sie recht zu voller Fahrt geschwellt durch die tiefgreifenden Umwälzungen, die sich seit dem letzten Viertel des 18. Jahrhunderts jenseits des Ozeans vollzogen. Als 1892 anläßlich der Kolumbusfeier die geschichtlichen Beziehungen Deutschlands zu Amerika Gegenstand allgemeineren Interesses wurden, da drang auch in weitere Kreise die bisher nur einzelnen Unterrichteten vertraute Kunde, daß diese Beziehungen eigentlich erst mit der Loslösung der Union vom Mutterlande beginnen. Früher haben deutsche Schiffe (besonders Hamburger) nur ganz vereinzelt in den fremden Kolonien Zutritt erlangt, am meisten noch in der ersten Hälfte des 17. Jahrhunderts und wieder nach dem Siebenjährigen Kriege in Brasilien, seltener in Westindien, ganz verschwindend in Nordamerika. In den letzten Jahren des amerikanischen Freiheitskrieges entwickelte sich ein reger Verkehr mit Westindien, weil Frankreich und Holland als Teilnehmer am Kriege ihre Kolonien den neutralen Flaggen öffneten; doch verschwand dieser Verkehr nach dem Friedensschlusse bald wieder. Mit dem Frühling 1783 aber begann der Handel nach den Vereinigten Staaten, und zwar zugleich von der Weser und der Elbe aus. In den achtziger Jahren sollen an der Weser, wo die Reederei lange jener an der Elbe ebenbürtig, wiederholt auch überlegen gewesen ist, alljährlich nicht weniger als 30 Schiffe gebaut worden sein. Zeitweise trat sogar eine Überspekulation ein. Die Ausfuhr der Vereinigten Staaten nach den Hansestädten stieg von 426 269 Dollar 1790/1791 auf 17 Millionen 1798/1799, um dann allerdings rasch wieder zu sinken und in der Zeit der Kontinentalsperre ganz zu verschwinden. Die Jahre von der französischen Eroberung Hollands und vom Baseler Frieden bis zum Ende des Jahrhunderts sind glänzende gewesen in der Hamburger und Bremer

Handelsgeschichte. Die Städte entwickelten sich zu Stapelplätzen für die Kolonialwaren der kriegführenden Mächte, und der Sekretär der Hamburger Kommerzdeputation konnte 1798 schreiben: „Hamburg ist jetzt im Besitz des Kredits des ganzen handelnden Europas, es ist im Begriff, sich denselben auch für die übrige Welt zu verschaffen." Seine Weissagung ward kläglich zuschanden. Die ungesunde Herrlichkeit versank in die Nacht des allgemeinen Elends, das über das Vaterland hereinbrach, und kaum eine deutsche Stadt hat es schlimmer als Hamburg am eigenen Leibe fühlen müssen, was es für ein Gemeinwesen heißt, reich, aber vaterlandslos zu sein.

Nur allmählich hat sich nach den Notjahren der Verkehr mit den Vereinigten Staaten wieder belebt. Von Ende Februar 1808 bis zum 17. Mai 1815 war kein Schiff von dort in Hamburgs Hafen angekommen. Erst 1832 erreichte die Tonnenzahl der in den Vereinigten Staaten anlangenden hansestädtischen Schiffe wieder die Ziffer von 1799, um dann allerdings rasch zu steigen. Dabei vollzog sich aber ein bemerkenswerter Umschwung. Die Amerikaner waren, als sie sich vom Mutterlande lösten, im Besitz eines trefflichen Schiffsmaterials, dessen Konkurrenz den Engländern schon in kolonialen Zeiten Sorge gemacht hatte. Ihre Handelsflotte hat sich denn auch völlig parallel mit der britischen, ja schneller als diese, weiter entwickelt. Im Anfange des

19. Jahrhunderts erreichte ihre Tonnenzahl die Million, um in der zweiten Hälfte der fünfziger Jahre die des Vereinigten Königreichs mit 5 Millionen und mehr zeitweise zu übertreffen, vom Bürgerkriege an aber rasch und dauernd zu sinken. Im deutsch-amerikanischen Verkehr ist sie schon in den dreißiger Jahren von den Deutschen überholt worden. Von 1826 bis 1830 fuhren zwischen Bremen und der Union noch zu $^5/_7$ amerikanische, $^2/_7$ bremische Schiffe, 1831—1835 zu $^4/_7$ bremische, $^3/_7$ amerikanische, 1836—1840 machten diese nur noch $^1/_6$, 1868 $^1/_7$ aus. Nach 1888 ward nur noch einmal ein amerikanisches Schiff in Bremens Hafen gesehen (1895). Vom gesamten Verkehr zwischen Bremen und den Vereinigten Staaten in beiden Richtungen vollzogen sich 1896 nicht weniger als 78 Prozent auf deutschen Schiffen. Ähnlich an anderen Plätzen! Im deutsch-amerikanischen Verkehr ist die amerikanische Flagge ausgemerzt; auch andere Fremde spielen in ihm nur noch eine geringe Rolle[1].

Und dieser Verkehr hat sich in ungeahnter Weise entwickelt, allerdings nicht ohne Schwierigkeiten. Einer Einfuhr von über 52 Millionen Dollar aus den Vereinigten Staaten in den Jahren 1795—1801 stand nur eine Ausfuhr von den Hansestädten dorthin von noch nicht $7^1/_2$ Millionen gegenüber. Es erwies sich trotz der lange fortdauernden politischen Animosität doch

---

[1] Das ist auch seitdem nicht anders geworden.

nicht als leicht, England aus dem überlieferten Markte zu verdrängen. Erst in den vierziger Jahren wurden die Verkehrsziffern der letzten Jahre des 18. Jahrhunderts wieder erreicht, jetzt aber unter günstigerem Verhältnis der Ausfuhr zur Einfuhr. Einzeln war die Bilanz sogar zugunsten der Hansestädte. Eine mächtige Förderung gewährte die starke Auswanderung, für die Bremen der früheste Einschiffungsplatz gewesen und der vornehmste geblieben ist. Sie ermöglichte billige Rückfrachten, und sie ist es besonders gewesen, die im Verkehr mit den Vereinigten Staaten Bremen ein dauerndes Übergewicht über Hamburg verschafft hat. Die zahlreichen Beziehungen, die sie zwischen Deutschland und der Union knüpfte, haben auch gewaltig beigetragen zur Hebung der deutschen Ausfuhr dorthin. Es ist kein bloßer Zufall, daß die erste regelmäßige kontinentale Dampferverbindung mit den Vereinigten Staaten von einem deutschen Hafen ausging. Im Februar 1846 schloß Bremen einen Postvertrag mit dem Generalpostmeister der Union, und im nächsten Jahre ward die Dampferlinie Neuyork-Bremerhaven eröffnet. Hamburg folgte bald nach. Seitdem hat dieser Verkehr einen riesenhaften Umfang angenommen. 1891—1895 hatte der jährliche Warenaustausch in und aus dem freien Verkehr Deutschlands einen durchschnittlichen Wert von 853 Millionen Mark; unter den Einfuhrländern stand Amerika an vierter, für die Ausfuhr an dritter Stelle[1]. Allein mit Großbritannien unterhält die Union einen noch lebhafteren Verkehr als mit uns; Frankreich haben wir im Handel mit ihr seit 1870 überholt. Gerade aber der deutsch-amerikanische Verkehr, in dem im großen und ganzen der freie Wettbewerb gewaltet hat, kann zeigen, was der Deutsche als Kaufmann und Seefahrer unter den Nationen zu leisten vermag, wenn Wind und Sonne gleich verteilt sind.

Wie für die Vereinigten Staaten, so bedeutete auch für die ehemaligen spanischen und portugiesischen Kolonien ihre Loslösung vom Mutterlande die Öffnung für den europäischen Verkehr. Ihre Befreiung begrüßte 1822 der Präses des „Ehrbaren Kaufmanns" in Hamburg mit der Erklärung: „Hamburg hat Kolonien erhalten." Die Hansestädte gehörten zu den ersten, die in die neuen Bahnen einlenkten und ihre Stellung durch Verträge zu sichern suchten. Auch hier fehlte es zwar nicht an Schwierigkeiten und Rückschlägen, aber ein mächtiger Handel hat sich trotzdem entwickelt. 1891—1895 stellte Deutschlands jährlicher Warenaustausch mit diesen Ländern in und aus dem freien Verkehr einen durchschnittlichen Wert von 591 Millionen Mark dar[2]. Die deutsche Flagge behauptet in den

---

[1] In den Jahren 1907—1911 durchschnittlich 1887 Millionen Mark, Amerika an erster bzw. dritter Stelle.

[2] 1515 Millionen Mark im Durchschnitt der Jahre 1907—1911, also bei den Vereinigten Staaten eine Zunahme von 121, bei den ehemaligen spanischen und portugiesischen Kolonien eine solche von 156%.

meisten ihrer Häfen den Platz unmittelbar nach der englischen, vereinzelt über dieser. Die deutsche Ausfuhr dorthin betrug 1891 149, 1895 aber 214 Millionen Mark[1]. Für Hamburg hat dieser Verkehr eine wesentlich größere Bedeutung gehabt als der mit den Vereinigten Staaten, während Bremen lange Zeit fast nur diesen pflegte.

Noch jüngeren Ursprungs sind Deutschlands Handelsbeziehungen zu Ostindien, Australien, Ostasien. Bis in die fünfziger Jahre des 19. Jahrhunderts hinein gelangten deutsche Schiffe nur ausnahmsweise in jene Gebiete. Seitdem aber haben sie sich dort rasch gemehrt. Überall in den Haupthafenplätzen des Indischen und Stillen Ozeans folgt unsere Flagge unmittelbar der englischen; die amerikanische, die ihr zeitweilig den Rang ablaufen zu wollen schien, ist ganz zurückgetreten. In Hongkong, einem der verkehrsreichsten Häfen der Welt, erschienen 1889 neben 2614 britischen Schiffen 712 deutsche, dagegen nur 73 französische, 60 amerikanische[2]. Unter den 146 nichtasiatischen Schiffen, die 1830, als Hongkong noch nicht vorhanden war, in dem benachbarten Kanton verkehrten, befanden sich 71 englische, 25 nordamerikanische, 26 spanische, 11 por-

---

[1] 1911: 672 Millionen Mark, 32 Millionen Mark mehr als die nach den Vereinigten Staaten.

[2] Auch 1911 nahmen die Deutschen nach den Briten den ersten Platz ein ($1/_3$ dieser), nach ihnen Japaner, Norweger; alle anderen Nationen erreichten zusammen nicht die Frequenz der Deutschen.

tugiesische usw., aber nicht ein einziges deutsches! Deutschlands Warenverkehr mit diesen Gebieten repräsentierte 1891—1895 durchschnittlich einen Wert von 447 Millionen, und zwar in durchaus aufsteigender Tendenz von 369, 399, 467, 471, 527 Millionen in den auf einander folgenden Jahren[1]. Auch unser Warenaustausch mit Afrika bewegt sich in aufsteigender Richtung, von 85 Millionen Mark 1891 auf 119 Millionen 1895, durchschnittlich rund 100 Millionen in den letzten fünf Jahren[2]. Weit über zwei Milliarden tauschen wir jährlich mit außereuropäischen Ländern aus[3].

So sind wir spät, aber rasch auf dem Weltmeer heimisch geworden. Die meisten seefahrenden Nationen Europas hatten einen Vorsprung von Jahrhunderten. Die im Westen erfreuen sich einer günstigeren Lage zum Ozean und genießen den Vorteil eines umfassenden und einträglichen Kolonialbesitzes, wie wir ihn uns mühsam zu schaffen suchen. Gleichwohl haben wir eine Stellung errungen, die nicht nur eine achtbare, die eine hervorragende geworden ist. Allein

---

[1] 1907—1911 durchschnittlich 1399 Millionen, und zwar nach einander 1395, 1210, 1264, 1525, 1604 Millionen; Steigerung 211%.

[2] Von 440 auf 615 Millionen 1907—1911, im Jahresdurchschnitt 488 Millionen, Zunahme 388%!

[3] Weit über 5 Milliarden Mark im Durchschnitt der Jahre 1907 bis 1911.

England übertrifft uns noch im Umfange des alljährlichen Warenaustausches; Frankreich haben wir längst, die Vereinigten Staaten in den letzten Jahren überholt. Auch England befindet sich mit seinen 14 gegen unsere 8 Milliarden keineswegs in einem unausgleichbaren Vorsprung[1]. In Hamburg besitzen wir den ersten Handelsplatz des europäischen Kontinents und so ziemlich den zweiten der ganzen Welt. Unsere Ostseestädte sind neu aufgeblüht. Beherrschen sie mit ihren Schiffen und ihrem Handel die See vor ihren Toren auch nicht in dem Sinne wie einst die in ihrer Mitte entstandene Hanse, so behaupten sie doch durchaus den unserer Küstenentwicklung und unserem Besitz entsprechenden Platz. Unsere Handelsflotte ist mächtig gewachsen. Lange waren ihr die amerikanische und die norwegische überlegen. Aber jene sieht sich ausschließlich auf die heimischen Gewässer zurückgedrängt, erscheint kaum noch in der Fremde. Diese, noch heute an Schiffs- und Tonnenzahl der deutschen voraus, steht ihr doch im Verkehrswert um mehr als eine Million Registertonnen nach wegen der ungleich größeren Zahl von Dampfschiffen, über welche die deutsche Flotte verfügt[2].

[1] 1911: 21 gegen 18 Milliarden!
[2] Die deutsche Handelsflotte zählte 1911 4675 Schiffe mit 2 903 570 Registertonnen gegen 7917 Schiffe mit 1 572 549 Registertonnen der norwegischen. Der Verkehrswert der norwegischen Flotte verhält sich zu dem der deutschen ungefähr wie 1 : 3. Sie hat heute nicht ganz $1/3$ des Verkehrswerts der deutschen.

Um ungefähr den gleichen Betrag steht Frankreichs Handelsmarine hinter der deutschen zurück[1]. Den Verkehr zwischen unseren eigenen Häfen beherrschen wir so gut wie vollständig; nicht 10 Prozent werden da von fremden Schiffen besorgt[2]. In den Verbindungen mit dem Auslande stehen allerdings noch über 53 Prozent fremder Schiffe in Betrieb[3], aber auch hier gewinnen wir langsam Boden. 1844 waren z. B. die im Hamburg-Altonaer Hafen in überseeischer und in der Küstenfahrt verkehrenden Schiffe nur zu 28 Prozent deutsche, zu 35 Prozent englische, 1895 zu 43,7 bzw. 46,8 Prozent, wenn man allein die beladenen rechnet, zu 49,3 bzw. 45 Prozent[4]. Wenn die britische Flotte auch immer noch sechs- bis siebenmal so stark als die unsere ist[5], so rangieren wir doch unmittelbar hinter unseren Stammesvettern von jenseit der Nordsee und sind wieder heimisch geworden auf den Meeren, auf denen wir nur noch schüchtern erschienen. Unter allen Umständen liegt darin ein glänzendes Zeugnis für unsere wirtschaftliche und besonders für unsere see- und kaufmännische Begabung.

Nun wird mit Vorliebe gesagt, daß das alles doch auf friedlichem Wege ohne wesentlichen Aufwand an

---

[1] Heute um fast 5 Millionen Tonnen.
[2] 1910 nur noch 5%.   [3] 1910 noch 40%.
[4] 1911 waren es 58% deutsche, 29% britische, von den beladenen 62% deutsche, 26% britische.   [5] 1911 gut $4^2/_3$ mal so groß.

maritimen Streitkräften errungen wurde, daß diese Entwicklung in der Hauptsache begonnen und der Keim zur Blüte gelegt worden sei durch die kleinen Handelsrepubliken, die noch heute die Führerinnen unseres Seehandels sind. Sicher ist die letztere Tatsache nicht zu bestreiten, aber ebenso gewiß ist, daß unsere freien Reichs- und Hansestädte nicht wegen ihrer Schwäche und der durch diese Schwäche ihnen aufgezwungenen Friedfertigkeit diese Erfolge errungen haben, sondern trotz derselben. Die Rührigkeit und Zähigkeit ihrer Unterhändler, der Scharfblick und der Wagemut ihrer Kaufleute verdienen das höchste Lob und werden stets zu den besten Zeugnissen zählen, die deutschem Bürgertum ausgestellt werden können. Sie haben in der Tat das Menschenmögliche geleistet. Aber andererseits ist die Politik dieser Städte denn doch noch milde charakterisiert, wenn man das neuerdings in politicis hervorgeholte Sprichwort: „Mit dem Hute in der Hand kommt man durch das ganze Land" auf sie anwendet. Man hat sich durchgewunden und gebückt, so gut es eben gehen wollte. Manches hat das Ausland den Städten auch zugestanden, was es einem großen Staatswesen nie nachgegeben hätte. Die Stellung, die Hamburg früher in den Reichskriegen gegen Frankreich einnahm, ist in dieser Beziehung lehrreich. Das Reich verlangte in solchen Zeiten Abbruch des Verkehrs mit Frankreich. Die Stadt aber, seit der zweiten Hälfte des 17. Jahrhunderts Hauptstapelplatz der französischen Kolonialwaren, suchte diesen Verkehr auch in Kriegszeiten aufrecht zu erhalten und fand in diesem Streben das lebhafteste Entgegenkommen Frankreichs. England fuhr als des Kaisers Bundesgenosse oft scharf dazwischen, aber es durfte Hamburg auch nicht zu sehr zusetzen, weil es damit einen unersetzbaren Makler für seinen lukrativen Handel mit Deutschland ruiniert hätte. So konnte man sich durchwinden. Nicht mit Unrecht ist gesagt worden, daß Hamburgs Schwäche gerade seine Stärke gewesen sei.

Eine solche Politik, unvermeidlich und vielfach nutzbringend bis zu der Umgestaltung von 1866, war aber sicherlich nur ein Notbehelf und wurde unmöglich in dem Augenblicke, wo die Städte Teile eines großen, lebenskräftigen Staatskörpers geworden waren. Das haben die Hansestädte auch längst selbst eingesehen. Wenn sie auch hier und da der Meinung gewesen sind, daß man in Handels- und Schiffahrtsangelegenheiten sie am besten allein machen lasse, so haben sie doch das Ende der kaiserlosen Zeit mit Jubel begrüßt und haben keinen Anlaß gefunden, sie zurück zu wünschen. Die schweren Bedenken und Gefahren ihrer Lage sind ihnen ja früher auch oft genug vor Augen gerückt worden; die napoleonische Zeit ist in Hamburg und Bremen unvergessen. Es hat auch früher an Stimmen nicht gefehlt, die den Mangel eines starken nationalen Schutzes schmerzlich beklagten. Der (kaufmännische) Konsul eines deutschen Küstenstaates in einer Hafenstadt der Westküste Amerikas schrieb 1845 an seinen Bremer Freund: „In unserem Deutschland folgt man dem Zeitgeiste noch nicht; daher können wir Großhändler dort uns nicht heimisch fühlen. Es fehlt uns dort wie hier im Auslande die Protektion der Regierung, die mit den Waffen, wie England und Frankreich es tun, uns Kaufleute unterstützen sollte. Wir Deutschen im Auslande müssen uns in streitigen Fällen durch England, Frankreich oder die Vereinigten Staaten beschützen lassen, weil unsere Fürsten uns nicht helfen. Man gibt uns freilich Minister (Gesandte) in Oberheimlichen Kammerherren usw., aber die armen Leute stehen wie die vergoldeten Eierschalen auf ihren Posten, da sie keine Stützen haben und ihre gerechten Forderungen nicht mit Gewalt bekräftigen können. Daß wir Deutschen unter solchen Umständen uns noch immer ohne Händel durchschlagen, ist bewundernswert; aber die desfallsigen Schwierigkeiten und die täglich sich mehrende Überzeugung, daß wir von unserem Vaterlande keinen Schutz erwarten dürfen, macht uns auch immer gleichgültiger gegen dasselbe, und man sagt mit Recht, daß es im Auslande keine schlechteren Patrioten als die Deutschen gäbe, ja, daß wir oft lebhafteren Anteil an England und Frankreich nähmen als an Deutschland." Hunderttausende, ja Millionen deutscher Männer haben ähnlich gedacht und empfunden, und kostbare Kräfte, unersetzbare Beziehungen, in deren Besitz heute andere europäische Nationen sich stark fühlen, sind uns verloren gegangen in den Jahrhunderten, wo unsere überseeische Vertretung Sache wehrloser Handelsrepubliken war. Wäre nicht gegen Mitte des Jahrhunderts die Freihandelsbewegung zu Hilfe gekommen, die beschränkte Leistungsfähigkeit einer von solchen Faktoren getragenen Handelspolitik wäre noch fühlbarer zutage getreten.

Und dann liegt die Sache doch so, daß die eigentliche Blüte erst geweckt worden ist durch die Begründung des Deutschen Reiches. Der Aufschwung, der seit 1871 eingetreten ist, übertrifft weitaus die glückliche Entwicklung der voraufgehenden Jahrzehnte. Die Tonnenzahl der deutschen Handelsflotte stieg (die Dampfer, wie üblich, auf je drei Segeleinheiten berechnet) von 1845 bis 1871 von 579 727 auf 1 146 343 Tonnen, nicht ganz aufs Doppelte, in dem um ein Jahr kürzeren Zeitraum 1871—96 von 1 146 343 auf 3 261 922 Tonnen, also fast aufs Dreifache[1]. Für einen Vergleich der Warenmengen fehlen für Gesamtdeutschland die älteren Zahlen; aber die Frequenz der Haupthäfen genügt zur Beleuchtung der Entwicklung. Die Tragfähigkeit der in Hamburg-Altona ein- und auslaufenden Schiffe betrug 1844 807 768 Registertonnen, 1869

---

[1] 1912: 8 051 057 Tonnen, also eine weitere Zunahme von 147% in 16 Jahren!

(1870 eignet sich als Kriegsjahr nicht zur Vergleichung) 3 199 758 Registertonnen, eine Vermehrung fast aufs Vierfache; 1895 hatten die in Hamburg-Altona verkehrenden Schiffe eine Tragfähigkeit von 12 729 930 Tonnen[1]. Daß diese abermalige Vermehrung aufs Vierfache etwas ganz anderes bedeutet als die erste, ist selbstverständlich. Wenn es sich in der ersten Periode um eine Vermehrung von 2½ Millionen handelt, so hat man es in der zweiten mit einer solchen von 9½ Millionen zu tun. Nach Prozenten berechnet muß sich der Zuwachs naturgemäß in um so niedrigeren Ziffern ausdrücken, je größer die verglichenen Zahlen werden. Die Weserhäfen hatten 1847 einen Schiffsverkehr von 540 914 Registertonnen, 1869 einen solchen von 1 325 064, 1896 von 4 020 469 Registertonnen, in der ersten 22 jährigen Periode eine Vermehrung von 145, in der zweiten 27 jährigen eine solche von 196 Prozent[2]. Stettins Schiffsverkehr stieg von 448 890 Tonnen 1850 (ältere Zahlen stehen nicht zu Gebote) auf 735 300 1869 und weiter bis 1888 auf 2 136 130 Tonnen, also in der ersten 19 jährigen Periode um 64, in der zweiten um 190 Prozent[3].

Aber was soll man viel mit Ziffern belegen, was jeder, der sehen will, vor Augen hat und mit Hän-

---

[1] 1911: 27 195 778 Tonnen.
[2] 1910: 9 183 519 Tonnen, in 14 Jahren eine Zunahme von 128%.
[3] 1910: 3 149 298 Tonnen, Zunahme 47%.

den greifen kann! Der wirtschaftliche Aufschwung, den Deutschland seit seiner politischen Einigung genommen hat, ist ja beispiellos. Wie ganz anders stehen wir da in der Welt vor allen Völkern als vor 40 Jahren! Der brauchbare, anspruchslose Deutsche, der jenseit der Meere froh war an den Brosamen, die von reicherer Völker Tische fielen, war wohl eine bequemere Figur als der Landsmann Bismarcks, Moltkes und Kaiser Wilhelms, der die überkommene Artigkeit des persönlichen Verkehrs zwar beibehalten hat, aber doch neben Engländern, Franzosen und Amerikanern selbst etwas gelten will und sich und sein Volkstum hochhält. Der Angehörige des Deutschen Reichs wird von vornherein mit anderen Augen angesehen als dereinst der Sprößling einer „freien Reichs- und Hansestadt" oder eines binnendeutschen Landratten-Kleinstaats. Aber hier wenn irgendwo gilt das Sprichwort: „Besser beneidet, als bemitleidet", und bei aller Urbanität des einzelnen, in der das humanste aller Völker keinem anderen nachsteht, kann die Politik eines großen Reichs nur fest begründet werden auf den alten römischen Grundsatz: Oderint dum metuant. Daß unsere Kriegsflotte nicht wenig dazu beigetragen hat, unser Ansehen „drüben" zu wahren, ja daß sie ein Haupthebel desselben gewesen ist, darüber kann ernstlich nicht gestritten werden. Schon als sie noch keine deutsche, sondern nur eine preußische war, hat ihr Erscheinen in Ostasien die

Anknüpfung von Handelsbeziehungen ermöglicht, die sich seitdem glänzend entwickelt haben. Man kann den Umschwung, der sich mit der Gründung des Deutschen Reichs vollzogen hat, kaum besser charakterisieren als durch den Hinweis auf die Tatsache, daß unsere sämtlichen transatlantischen Dampferlinien, mit der alleinigen Ausnahme jener nach den Vereinigten Staaten, erst nach dem Deutsch-Französischen Kriege ins Leben getreten sind. Es ist kaum ein Vierteljahrhundert, daß deutsche Schiffe in regelmäßiger Fahrt alle Meere besuchen. Und welche Erfolge sind seitdem errungen worden!

Nun handelt es sich aber in erster Linie gar nicht um die Frage, wie das, dessen wir uns heute mit Stolz erfreuen, errungen und erreicht worden ist. Alles, was in dieser Richtung gesagt wurde und gesagt werden kann, hat nur Wert, soweit es geeignet ist, die weitere Frage zu beantworten, wie das Erreichte erhalten oder richtiger, wie es weiter entwickelt werden kann. Denn wie es überhaupt keinen Stillstand gibt, so gibt es einen solchen vor allem nicht im Leben der Völker und gar der modernen. Da heißt die unerbittliche Losung: Vorwärts. Alles ist Bewegung, alles Entwicklung. Wer nicht steigt, sinkt.

Jede tiefer eindringende Erwägung der gegenwärtigen Weltlage führt aber unwiderstehlich zu der Überzeugung, daß für die weitere Entwicklung der Nationen das Weltmeer und die Freiheit der Bewegung auf ihm entscheidend sein werden. Daß Macht auf dem Meere von jeher außerordentlich viel bedeutete, weiß jeder von der Schule her. Die Kämpfe zwischen Griechen und Persern, Athen und Sparta, Rom und Karthago, Pisa und Genua, England und Frankreich usw. bis herab zu den jüngsten Erfahrungen im japanisch-chinesischen und griechisch-türkischen Kriege liefern dafür unabweisbare Belege. Aber in früher nie geahntem Maße ist das Meer zum Tummelplatz der Völker geworden, seitdem die Entwicklung unserer Verkehrsmittel den Begriffen Raum und Zeit eine ganz andere Bedeutung gegeben hat, seitdem man an jedem Tage wissen kann, was überall auf dem weiten Erdenrund in allen Lebens- und Verkehrszentren geschieht, und es kaum einen Küstenplatz mehr gibt, an dem nicht innerhalb Monats-, ja innerhalb Wochenfrist europäische Macht sich fühlbar machen könnte. „Weltgeschichte", lange ein inhaltloses Wort für den Gebrauch der Schulbänke, fängt an zur Wirklichkeit zu werden. Man kann heute nicht mehr hinterm Ofen gemächlich sich berichten lassen, „wie hinten weit in der Türkei die Völker auf einander schlagen". In welchem Erdenwinkel auch immer jetzt die Nationen auf einander stoßen, für jede größere europäische Macht heißt es alsbald: Mea res agitur. China und Japan, Tschitral und Korea,

Abessynien und Transvaal, von den amerikanischen Ländern ganz zu schweigen, sind heute Faktoren, mit denen jeder europäische Staatsmann rechnen muß. In ihren direkten und indirekten Beziehungen zu den europäischen Mächten liegen Fäden, an denen die Figuren auf der Bühne unseres eigenen kleinen Erdteils in Bewegung gesetzt werden können. Wohin würde der Staatsmann einer europäischen Großmacht kommen, der das übersehen wollte! Sie alle müssen „Weltpolitik" treiben, nicht in dem Sinne, daß sie sich überall einzumischen haben, wohl aber in sorgfältiger Erwägung, wie weit die Interessen ihrer Staaten von den Wandlungen dort draußen berührt werden.

In diesen exotischen Angelegenheiten steht nun aber Deutschland keineswegs in letzter Linie. Da sind zunächst seine Kolonien. Es kann und wird sie nicht freiwillig aufgeben. Das Kapital und die Menschenkraft, die in ihnen angelegt sind, mehren sich von Jahr zu Jahr. Das 19. Jahrhundert hat eine neue, gewaltige Bewegung auf diesem Gebiet eröffnet, auf dem die Tätigkeit erloschen schien. Frankreich, fast kolonienlos nach Napoleons Tagen, hat in fremden Erdteilen Gebiete zusammengebracht, wie es sie in dem Umfange nie besaß. England hat seinen herkömmlichen Appetit ins Maßlose gesteigert, nur um nicht andere am Mahle teilnehmen zu lassen. Das 17. und das 18. Jahrhundert haben Kolonialkriege in Hülle und Fülle gesehen. Wer möchte behaupten, daß es dergleichen nie mehr geben könne? Wer aber meint, daß in einem Konflikte mit England unsere Kolonien ja doch der britischen Übermacht wehrlos preisgegeben seien, der vergißt, daß ein solcher Konflikt doch auch in Formen in Erscheinung treten kann, in denen eine achtbare, wenn auch allein England längst nicht gewachsene deutsche Kriegsflotte für den Ausgang und besonders für das Schicksal unseres Kolonialvermögens denn doch nicht belanglos wäre. Schon unser Kolonialbesitz fordert deshalb, daß wir eine leistungs-, vor allem eine bündnisfähige Flotte besitzen.

Aber der Schwerpunkt der Frage liegt an anderer Stelle. Unser Volk, das alt schien, ist wieder jung geworden. Wir gehören zu den aufblühenden, emporstrebenden Nationen wie nur eine in Europa. Fast auf allen Gebieten des Lebens wird bei uns mit einer Emsigkeit, einer Ausdauer, einem Geschick gearbeitet, die schöne Früchte gezeitigt haben, schönere verheißen. Unsere Verkehrseinrichtungen sind die entwickeltsten des Kontinents, denen des kleineren und dichter bevölkerten England kaum nachstehend. Diese Bewegung ist in alle Teile unseres Volkes gedrungen, macht sich geltend bis in die entlegensten Winkel unseres Reiches. Trotz des laut tönenden politischen und sozialen Haders ist die Nation doch unablässig bemüht, ihren Wohlstand zu mehren, ihre Institutionen zu entwickeln, ihre

Lebenshaltung zu steigern. Wer nur ein Menschenalter zurück zu denken vermag, hat diese Umwandlung am eigenen Leibe, in seiner unmittelbarsten Umgebung erfahren. In fast allen äußeren Formen des Daseins waren uns Engländer und Franzosen, Niederländer und Belgier vor dreißig Jahren weit voraus, heute sind wir ihnen nahe gekommen oder haben sie gar überholt. Was sind heute die französischen Provinzialstädte gegen die unseren? Möchte etwa der deutsche Fabrikarbeiter mit dem belgischen tauschen oder der Bergmann von Dortmund und Bochum mit dem von Newcastle? Schaut der Kölner oder Düsseldorfer noch bewundernd empor zu Mynheer von Amsterdam oder Rotterdam wie um die Mitte des 19. Jahrhunderts? Zufriedener sind wir ja nicht geworden, aber zweifellos wohlhabender, wohllebiger. Und mit der Unzufriedenheit sollte man es doch auch nicht allzu tragisch nehmen und nicht immer gleich nach dem Büttel rufen, wo sie sich zeigt. Ist sie doch zu allen Zeiten ein Haupthebel des Fortschritts gewesen, und wo findet sie sich etwa nicht in unseren Tagen? Wenn's drauf und dran kommt, wird der Deutsche sein Los doch nicht mit dem irgend eines Fremden vertauschen wollen. Aber eine andere Sorge erhebt sich dem, der in die Zukunft zu blicken sucht. Wird das weiter so aufwärts gehen können? Werden wir Ellenbogenraum haben, uns in der Welt auszubreiten?

Unsere Bevölkerungszunahme ist bekanntlich eine starke. Seit 1885 betrug sie alljährlich eine halbe Million Menschen und mehr. Die Abnahme der Auswanderung ist zweifellos eine Hauptursache dieser Erscheinung. Die Verhältnisse in den Vereinigten Staaten sind nicht verlockend; dazu ist die Einwanderung dort erschwert worden. Jedenfalls erwächst Deutschland die Aufgabe, den Zuwachs zu ernähren; es hat diese Aufgabe bislang zu lösen vermocht, aber doch nur, indem sich in der Zusammensetzung seiner Bevölkerung eine bedeutungsvolle Umwälzung vollzog und weiter vollzieht. Während die Landwirtschaft mit ihren Angehörigen noch 1882 42,5 Prozent der Bevölkerung ausmachte, ergab die Berufszählung von 1895, daß nur noch 35,7 Prozent ihr zuzuzählen seien. Sie hat nicht nur relativ, sie hat sogar absolut, von 19 225 455 auf 18 501 307, abgenommen[1]. Von Bergbau und Hüttenwesen, Industrie und Bautätigkeit, Handel und Verkehr haben zurzeit fast 8 Millionen Deutsche mehr ihren Unterhalt als von der Landwirtschaft[2]. Unsere Bevölkerungszunahme vollzieht sich ausschließlich in diesen und anderen nicht landwirtschaftlichen Berufen und Nahrungszweigen. Der dem Getreidebau gewidmete Boden hat im letzten Jahrzehnt zwar eine Vergrößerung erfahren; seine Erträge sind auch in

---

[1] Bei der Berufszählung von 1907 nur noch 17 681 176 = 27,7%.
[2] 1907 fast doppelt so viel.

nicht unerheblichem Maße gesteigert worden. Gleichwohl öffnet sich die Kluft zwischen Produktion und Bedarf immer tiefer. Auch wer der Überzeugung ist, daß der Untergang unserer Landwirtschaft und zumal unseres Bauernstandes gleichbedeutend sein würde mit dem Untergange von Volk und Reich — und Verfasser hegt diese Überzeugung —, kann sich doch der Tatsache nicht verschließen, daß wir ausländisches Getreide nicht entbehren können, und daß dieser Bedarf von Jahr zu Jahr steigt. Die durchschnittliche Einfuhr von Roggen und Weizen betrug in den Jahren 1889 bis 1892 1 680 476, in den Jahren 1893—1896 1 930 383 Tonnen, die Jahresproduktion im Durchschnitt der zehn Jahre 1886—1895 7 772 912 Tonnen. Die jährliche Zufuhr betrug also $^1/_4$ der Produktion. Wenn das auch nicht direkt besagen will, daß ohne sie der Verbrauch auf den Kopf der Bevölkerung um $^1/_5$ herabgesetzt werden müßte oder 10 Millionen Menschen in Deutschland nahrungslos wären, so ist doch klar, daß wir uns nicht mehr völlig ernähren können mit Brot, das aus deutschem Korn gebacken ist[1].

[1] Die hier dargelegte Auffassung hat sich als nicht ganz zutreffend erwiesen, wesentlich doch infolge des verstärkten Zollschutzes. Die Einfuhr von Roggen und Weizen ist allerdings im Durchschnitt der Jahre 1908—1911 auf 2 707 820 Tonnen, also um 40 Prozent gestiegen, die Jahresproduktion der zehn Jahre 1902—1911 aber auf 13 994 278 Tonnen, also um 80 Prozent! Die Zufuhr beträgt also heute noch nicht $^1/_5$ der Produktion, so daß die Zahl von 10 Millionen trotz der seit 1895 um 14 Mil-

Die Vermehrung der industriellen Betriebe aller Art führt aber auch notgedrungen zu einer Steigerung des Bedarfs an Rohmaterialien. In welchem Umfange diese von uns selbst erzeugt werden, läßt sich schwer feststellen; wohl aber lehrt uns ein Blick in die Einfuhrlisten, daß wir auch in dieser Beziehung immer abhängiger werden vom Auslande. Die Einfuhr von Rohstoffen für Industriezwecke stieg 1889—1896 von 22 390 579 auf 29 062 820 Tonnen, also um nahezu 30 Prozent in sieben Jahren[1]. Von dem einen Artikel Baumwolle, der doch unentbehrlich und von uns schlechterdings nicht zu erzeugen ist, stieg der Bedarf von 41 748 Tonnen im Durchschnitt der Jahre 1866 bis 1870 auf 126 967 im Durchschnitt 1891—1895 (1841—1845 betrug er 8481!)[2]. Eisenerze wurden 1889 1 234 789 Tonnen eingeführt, 1896 2 586 706 Tonnen[3]. Ähnlich steht's mit zahlreichen anderen Waren. Es gibt auch nicht wenige Artikel, die nicht direkt als Rohstoffe für die Industrie bezeichnet werden können, die aber doch ganz unentbehrlich und nur vom Auslande beziehbar sind, und deren Verbrauch sich infolge unseres

---

lionen gestiegenen Bevölkerung nicht erhöht zu werden braucht! Die Erntefläche für Roggen und Weizen hat sich von 1886 bis 1895 nur um 68 891 Hektar vergrößert, von 1895 bis 1911 aber um 285 388 Hektar!

[1] Sie ist seit 1896 im Werte auf fast das Dreifache gestiegen, von 1886 Millionen auf 5393 Millionen 1911.

[2] 445 582 Tonnen im Durchschnitt der Jahre 1907 bis 1911.

[3] 1911: 10 820 485 Tonnen.

Bevölkerungszuwachses, des gesteigerten Wohlstandes und der verbesserten Lebenshaltung gewaltig gesteigert hat. Im Durchschnitt der Jahre 1866—1870 wurden 70 436 Tonnen Petroleum eingeführt, 1891—1895 durchschnittlich 755 915, 1896 sogar 853 545![1]

Diese gesteigerte Abhängigkeit vom Auslande müßte ja aber schon im Frieden zum wirtschaftlichen Ruin führen, wenn ihr nicht eine vermehrte Ausfuhr von Fabrikaten gegenüber stände. Die starke Zunahme unserer in Gewerbe und Verkehr tätigen Bevölkerung im Vergleich zur landwirtschaftlichen ist ja nur möglich und erträglich, wenn wir in gesteigertem Maße für das Ausland arbeiten. Daß bis jetzt keine Gefahr vorliegt, zeigen die Ausfuhrziffern, deren Wachsen das unserer Bevölkerung denn doch nicht unwesentlich übersteigt. Es betrug die Ausfuhr im Spezialhandel

    1889: 18 292 587 Tonnen
    1896: 25 719 876   „ ,

stieg also um 40,6 Prozent, die Bevölkerung gleichzeitig um 7—8 Prozent[2]. Wenn ihr Wert sich nur von 3 256,4 auf 3 753,8 Millionen Mark hob, also nur um 15,3 Prozent[3], so darf daraus nicht gefolgert werden,

---

[1] Im Durchschnitt der Jahre 1907 bis 1911: 1 001 309 Tonnen.
[2] 1911: 66 586 000 Tonnen, also eine weitere Steigerung von 195 Prozent, während die Bevölkerung von 1895 bis 1910 nur um 24 Prozent zunahm. — [3] Bis 1911 auf 8106,1 Millionen Mark, also seit 1896 um 116 Prozent, welche starke Steigerung allerdings zusammenhängt mit einem ziemlichen Anziehen der Warenpreise in dieser Zeit.

Deutschland zur See

daß jetzt mehr minderwertige Waren ausgeführt würden als vor 7 Jahren (das Gegenteil ist im allgemeinen der Fall), sondern die Ursache dieser Erscheinung liegt in dem starken Sinken der Warenpreise. Ein richtiger Vergleich läßt sich deshalb nur mittels der Tonnenzahlen anstellen. Es wurden ausgeführt:

	1889		1896			
Fabrikate der	Tonnen	Millionen Mark	Tonnen	Millionen Mark		
Nahrungs- und Genußmittelindustrie	912 270	283,4	1 402 538	338,9	+53,7, bzw.	23,1%
davon Zucker	522 148	162,8	988 821	236,4	+89,4, bzw.	45,2%
Maschinen, Instrumente und Apparate	100 585	150,1	182 846	208,4	+81,8, bzw.	38,8%
der Metallindustrie ohne Maschinen	820 975	268,4	1 330 089	364,4	+62, bzw.	35,8%
der chemischen Industrie	403 663	226,7	590 697	324,4	+46,3, bzw.	43,1%
der Papierindustrie	82 303	68,5	133 927	86,4	+62,7, bzw.	26,1%
der Textilindustrie	994 849	914,2	1 146 188	802	+15,2, bzw.	—13,3%

Eine ganz bemerkenswerte Ausnahme bilden die

Gegenstände der Literatur und bildenden Kunst	13 080	79	16 724	120,7	+27,9, bzw.	52,8%

Es wirft ein eigentümliches Schlaglicht auf die materielle Wertschätzung geistiger Arbeit deutscher Nation, daß allein ihre Ergebnisse unter allen namhafteren Ausfuhrartikeln eine Preissteigerung, und zwar eine recht erhebliche, erfahren haben. Auch daß von dem allgemeinen Preisfall die Fabrikate der chemischen Industrie am wenigsten betroffen worden sind, ist beachtenswert; die Überlegenheit auf diesem Gebiete verdanken wir vor allem wissenschaftlichen Leistungen.

Unverkennbar leuchtet aus diesen Darlegungen der Grundzug unserer Entwicklung in den letzten 25 bis 30 Jahren hervor. Unsere wirtschaftlichen Beziehungen zum Auslande werden immer mannigfaltiger und umfassender. Sie stehen in inniger Verbindung mit dem glänzenden Aufschwunge unserer heimischen Tätigkeit. Sie ergeben sich aus ihm und bedingen ihn wieder. Ohne ihre Erhaltung und Vermehrung ist Deutschlands Gedeihen und Blüte nicht denkbar. Des Kaisers Wort: „Unsere Zeit steht unter dem Zeichen des Verkehrs" trifft in der Tat die Kernfrage unserer Tage. Und das ganz besonders in Deutschland. Denn kein Volk hat in jüngster Zeit eine so rasche Entwicklung seines Verkehrswesens erlebt. Frankreich und die Union wurden überholt. Während England sich seit Beginn der achtziger Jahre um die 14 Milliarden bewegte, steigerte Deutschland seinen Handel von weniger als 6 auf mehr als $8^{1}/_{4}$ Milliarden.

Nun aber sind die neuen Fäden, die uns heute weit zahlreicher und stärker mit dem Auslande verknüpfen als noch zur Zeit der Begründung unseres Reiches, ganz überwiegend über die See und besonders über den Ozean gesponnen, entsprechend der erhöhten Bedeutung, die der Weltverkehr überhaupt im Zeitalter des Dampfes und der Elektrizität gewonnen hat. Da die gesamtdeutsche Handelsstatistik erst mit dem Eintritt Hamburgs und Bremens in den Zollverein beginnt, so läßt sich das am Warenverkehr für die ganze Zeit nicht exakt nachweisen. Doch auch die wenigen Jahre genügen, um die Richtung der Entwicklung zu kennzeichnen. 1890 machte der europäische Verkehr 74,4 Prozent der gesamten Handelsbewegung aus, 1895 noch 69,2 Prozent. Entsprechend hob sich der transatlantische Verkehr von 25,6 auf 30,80 Prozent. Jener betrug 1890 5 716,5 Millionen, 1895 nur 5 307,8 Millionen, fiel also um 7,1 Prozent, dieser belief sich 1890 auf 1 966 Millionen, 1895 dagegen auf 2 362,4 Millionen, stieg also in den fünf Jahren um 20,2 Prozent[1]. Noch deutlicher spricht die Schiffsbewegung. Sie belief sich für sämtliche deutsche Häfen 1872 auf 18 056 264 Tonnen, von denen 2 602 954, also 14,4 Prozent, auf den transatlantischen Verkehr kamen. 1895 beschäftigte der transatlantische Verkehr 7 002 003 Tonnen von ins-

---

[1] Der europäische Verkehr belief sich 1911 auf 11 759,8 Millionen, der außereuropäische auf 6033,2 Millionen, jener machte also 66 Prozent des Gesamtverkehrs aus, dieser 34 Prozent, ein gutes Drittel. Der europäische Verkehr hob sich um 122 Prozent, der außereuropäische um 155 Prozent. Die Bewegung der früheren Jahre hat sich also verlangsamt.

gesamt 30 468 749, also 23 Prozent. Er hob sich in den Jahren 1872—1895 um 169 Prozent, während der europäische nur um 52 Prozent zunahm[1]. Klar spiegelt sich diese Entfaltung unserer transozeanischen Beziehungen auch in der Zusammensetzung unserer Handelsflotte wider. Ihre Zunahme seit 1871 ist ganz überwiegend der Nordseeflotte zugute gekommen. Die Ostseeflotte umfaßte

1871: 2 006 Segelschiffe zu 439 089 Tonnen
        76 Dampfschiffe zu 10 734 „
1895: 630 Segelschiffe zu 118 912 „
      390 Dampfschiffe zu 158 992 „

Sie hob sich also, die Dampfschiffe zu drei Segeleinheiten berechnet, von 471 290 auf 595 888 Tonnen, um 26,4 Prozent. Die Nordseeflotte zählte

1871: 2 366 Segelschiffe zu 461 272 Tonnen
       71 Dampfschiffe zu 71 260 „
1895: 1 992 Segelschiffe zu 541 944 „
      653 Dampfschiffe zu 734 054 „

hob sich demnach von 675 052 auf 2 744 106 Tonnen, um 306,5 Prozent. Der Unterschied machte sich ganz besonders in den letzten Jahren bemerkbar. Von 1891

---

[1] 1910 Gesamtverkehr der deutschen Häfen 60 134 309 Tonnen, Zunahme 97 Prozent seit 1895. 1910 entfielen 14 479 624 Tonnen, also 24,1 Prozent, auf den außereuropäischen Verkehr; er hob sich 1895 bis 1910 um 107 Prozent, der europäische um 95 Prozent. Auch hier eine Verlangsamung der früheren Bewegung!

bis 1895 nahm die Dampferflotte der Ostsee nur um 10 000, die der Nordsee um 160 000 Tonnen zu, die Segelflotte der Ostsee um 67 000 Tonnen ab, die der Nordsee um 18 000 Tonnen zu[1]. Von der Segelflotte der Ostsee kann man sagen, daß sie im Verschwinden begriffen ist, während z. B. Rostock allein im Anfang der sechziger Jahre eine Flotte besaß, die nicht weit hinter der Hamburger zurückstand. Die ehemals so lebhaften kleinen pommerschen, mecklenburgischen, schleswigschen Reedereiplätze (Barth, Wolgast, Wustrow, Arnis, Kappel usw.) sind diesem Betriebe fremd geworden. An der Nordsee ist die Zahl der Segelschiffe auch gesunken; aber ihr Tonnengehalt ist gestiegen, von durchschnittlich 195 auf 272 Tonnen[2]. Das erklärt sich vor allen Dingen durch den Bau von Segelschiffen allergrößter Ladefähigkeit, die unter möglichster Ausnutzung aller Fortschritte moderner Technik mit nach älteren Begriffen unmöglich geringer Be-

---

[1] Am 1. Januar 1912 zählte die Ostseeflotte 392 Segelschiffe zu 22 379 Tonnen, 550 Dampfschiffe zu 495 648 Tonnen, die Nordseeflotte 2331 Segelschiffe zu 545 297 Tonnen, 1459 Dampfschiffe zu 3 648 674 Tonnen. Die Ostseeflotte hob sich seit 1895 um 152, die Nordseeflotte um 319 Prozent. In den Jahren 1901—1912 nahm die Dampferflotte der Ostsee um 58 Prozent zu, die der Nordsee um 95 Prozent, die Segelflotte der Ostsee um 37, die der Nordsee um 10 Prozent ab. Auch hier erscheint die frühere Bewegung abgeschwächt.

[2] Bis 1912 wieder auf durchschnittlich 234 Tonnen gesunken, in der Ostsee von 189 auf 57 Tonnen, was sich aus dem völligen Verschwinden der Seglerfrachtfahrt in den überseeischen Gewässern erklärt.

mannung fahren und so mit Hilfe des billigen Beförderungsmittels Wind für gewisse Frachten mit der Dampfschiffahrt noch konkurrieren können. Auch diese legt sich mit Vorliebe auf den Bau großer und größter Schiffe, wie denn unsere Dampferflotte, so sehr sie an Umfang der englischen noch nachsteht, an Güte des Materials den Vergleich mit ihr getrost aufnehmen kann. Der Norddeutsche Lloyd und die Hamburg-Amerika-Linie haben es dahin gebracht, daß die größten, schnellsten und schönsten Schiffe, die zurzeit das Weltmeer befahren, deutsche sind. Zugespitzt aber ist diese Entwicklung auf den großen, ozeanischen Verkehr, der sich immer mehr in den Vordergrund drängt und Gegenstand des Wettbewerbes der Nationen wird. Fast möchte man sagen, daß die Zeit schon abzusehen ist, wo für Deutschland die transatlantische Fahrt die europäische überwiegen wird.

Aus diesem Wettbewerb auf dem Weltmeer aber können wir uns nicht zurückziehen, ohne uns aufzugeben. Wir brauchen die See, um zu leben. Nicht nur der Seemann und der Fischer, die mühsam ihr hartes Brot auf ihr gewinnen, brauchen sie, nicht nur der Kaufmann unserer Küstenstädte, der mit Spannung die Fahrt seiner Schiffe und Waren verfolgt, sondern auch der Arbeiter tief im Binnenlande, im entlegenen Gebirgstale, dessen rührige Hand die tausend und aber tausend Dinge verfertigt, die über Sand und See in alle Welt gehen. Ein unverdächtiger Zeuge, der Professor der Kolonialgeographie an der Sorbonne, Marcel Dubois, sagt in seinem Buche „Koloniale Systeme und Kolonisationsvölker" treffend: „Das Deutschland von heute muß entweder über See verkaufen oder untergehen." Über See verkaufen kann nur, wem die See frei ist. Es ist nicht anders: Unser Volk kann nur weiter blühen und gedeihen, wenn es imstande ist, sich die Freiheit der Bewegung zur See gegenüber jedem Angriffe zu bewahren. Die Unterhaltung einer starken, leistungsfähigen Flotte ist für Deutschland eine Existenzbedingung.

Welche kriegerische Möglichkeit seit 1871 im Vordergrunde unserer politischen Erwägungen steht, weiß jeder. So lange wir annehmen durften, Frankreich allein als Gegner zu haben, ohne allzu große Schädigung unseres Seeverkehrs durch unsere Landmacht die Entscheidung herbeizuführen, nötigenfalls durch sie Repressalien nehmen zu können. Aber die Gefahr, daß Frankreich allein uns angreift, tritt immer mehr zurück; kommt es zum Kriege, so werden wir ihn mit zwei Fronten zu führen haben. Damit ist uns Rußland für Getreide- und Petroleumzufuhr verschlossen. Ob Österreich-Ungarn und Rumänien imstande sind, allein den im Kriege ungemein erhöhten Bedarf zu decken, muß sehr fraglich erscheinen, muß unbedingt verneint werden, wenn Mitteleuropa eine geringe oder gar eine Mißernte haben sollte, oder wenn, was ja zunächst angenommen werden muß, Österreich und Italien am Kriege teilnehmen, der Dreibund gegen den Zweibund steht. Die beiden Staaten würden dann auch bei den besten Ernten Mühe haben, ihren eigenen Bedarf zu decken. Wir bedürften also unbedingt auch für Getreide der überseeischen Zufuhr, dazu für die Rohstoffe, mit denen wir unsere Fabriken in Gang zu erhalten hätten. Die Waren, mit deren Verkauf ans Ausland wir auch in Kriegszeiten einen starken Bruchteil unserer Bevölkerung zu ernähren hätten, müßten wir ungehindert über See ausführen können. Gelänge es Frankreich und Rußland, unsere Küsten zu schließen, sie brächten uns zum Verbluten. Denn daß wir imstande sein sollten, zwei solcher Gegner durch Landsiege zu einem raschen Frieden zu zwingen, ist durchaus unwahrscheinlich. Eine sehr gewagte Rechnung würde auch anstellen, wer etwa darauf bauen wollte, daß uns die Häfen Belgiens und der Niederlande offen bleiben würden. Wenn Fürst Bismarck mit Beziehung auf einen nächsten großen Krieg von saigner à blanc sprach, so wußte er, was er sagte. Wenn der Krieg überhaupt geführt wird, so wird er mit einer Rücksichtslosigkeit geführt werden, der gegenüber Neutralitätsverträge und völkerrechtliche Bedenken wertloser Plunder sind. Sind Frankreich und

Rußland imstande, unsere Häfen zu schließen, so werden sie auch Mittel finden, unsere kleinen Nachbarn im Nordwesten zu zwingen, daß sie uns die Zufuhren nicht leisten, deren Entbehren uns die Kraft nehmen würde, und die Waren nicht ausführen, ohne deren Absatz Millionen unseres Volkes betteln gehen müßten.

Die Gefahr würde leicht wiegen, wenn wir auf ein Bündnis mit England rechnen könnten. Aber ist mit England überhaupt ein zuverlässiges, in keinem Augenblicke versagendes Bündnis möglich? Und wenn das wirklich der Fall wäre, würden wir nicht leicht durch England in den Krieg hineingezogen werden, den zu vermeiden wir mit Recht aufs äußerste bemüht sind, und würden wir nicht in diesem Kriege die Hauptlast des Kampfes auf uns nehmen, unser Blut gegen die Feinde in Ost und West in Strömen vergießen müssen, während England Gelegenheit fände, mit seinen geworbenen See- und Landsoldaten überall auf dem weiten Erdenrund französischen und russischen Besitz und Einfluß in britischen zu verwandeln? Und ganz abgesehen von solchen schweren Bedenken, so weiß doch jeder, daß wir von einem englischen Bündnis ferner sind denn je. Nicht erst seit der Transvaaldepesche unseres Kaisers sind Abneigung und Mißstimmung gegen den wetteifernden Stammesgenossen vom Festlande in England im Entstehen und raschen Wachsen begriffen; sie haben nur seitdem mehrfach Formen

7*

angenommen, die man als Tobsuchtsanfälle kaum zu scharf bezeichnet. Es mehren sich in England aber auch die ruhigen Stimmen, die in kalter Berechnung Krieg mit Deutschland fordern, die Englands dringendste Aufgabe in der Vernichtung des deutschen Handels erblicken. Wir müssen uns auseinandersetzen lassen, wie leicht dieses Ziel zu erreichen sei; England brauche nur zu wollen. Ganz neuerdings belehrt wieder ein Leitartikel der Saturday Review vom 11. September darüber, mit welchen Gedanken sich ernste Kreise in England tragen. Der Verfasser setzt auseinander (die gehässige Verdrehung der Tatsachen braucht nicht besonders hervorgehoben zu werden), daß Fürst Bismarck Frankreich veranlaßt habe, ein Kolonialreich zu gründen, Rußland, sich gegen den Osten und Süden auszubreiten. Inzwischen habe Deutschland „in Frieden auf seinen schwellenden Koffern gesessen, seine Kaufleute haben Englands Handel gekapert und seine Staatsmänner die englischen in fortwährende Zänkereien mit anderen Ländern gebracht". Fürst Bismarck habe lange erkannt, was man in England jetzt auch einzusehen beginne, „daß es in Europa zwei große, unversöhnliche, einander feindliche Mächte gebe, zwei große Nationen, welche die ganze Welt sich zu eigen machen und von ihr den Tribut des Handels erheben möchten, Engländer und Deutsche". Überall trete der Deutsche dem Engländer zur Seite, kämpfe mit ihm um den Erwerb, gelte es, ein Bergwerk auszubeuten, eine Eisenbahn zu bauen, einen Eingebornen von Pflanzen- zu Fleischnahrung oder von Mäßigkeit zum Händler-Branntwein zu bekehren. „Millionen kleiner Streitigkeiten schaffen den größten Kriegsfall, den die Welt gesehen. Wenn Deutschland morgen vernichtet wäre, so gäbe es übermorgen keinen Engländer in der Welt, der nicht reicher sein würde. Völker haben Jahre um eine Stadt oder ein Erbfolgerecht gekämpft; sollten sie nicht um 250 Millionen Pfund jährlichen Handels kämpfen?"

Der Verfasser verlangt Krieg mit Deutschland. „England ist die einzige Großmacht, die mit Deutschland ohne schwere Gefahr und ohne Zweifel über den Ausgang kämpfen kann. Wenige Tage, und Deutschlands Kriegsschiffe würden auf dem Meeresgrunde sein oder unter Geleit nach den englischen Häfen. Hamburg und Bremen, der Kieler Kanal und die baltischen Häfen würden unter den Kanonen Englands liegen, die warten würden, bis die Entschädigung vereinbart wäre. Nach getaner Arbeit könnten wir ohne Bedenken zu Frankreich und Rußland sagen: Sucht Kompensationen! Nehmt in Deutschland, was ihr wollt! Ihr könnt es haben." Der Artikel schließt mit der Mahnung: Germaniam esse delendam[1].

Es wäre ein törichter und sträflicher, die Erfahrungen

---

[1] Wunderlicherweise findet sich dieser Schlußsatz nicht in allen Abzügen des Artikels.

der Geschichte völlig in den Wind schlagender Leichtsinn, derartige Erörterungen nicht ernst nehmen zu wollen. Wie oft ist die englische Regierung durch ihre Bevölkerung in Handelskriege gedrängt worden! Durch Lage und Geschichte begünstigt, hat die englische Nation früher als irgend eine andere in Europa gelernt, ihre Sachen selbst in die Hand zu nehmen, ihren Regenten und Machthabern die Politik aufzudrängen, die dem Volke und seinen Wünschen förderlich erschien. Das beginnt in Handels- und Schiffahrtsangelegenheiten schon tief im Mittelalter. Welch leidenschaftliche Sprache wird schon im 15. Jahrhundert in Flugschriften und Adressen gegen Hansen und Flandrer laut! Welcher Haltung Elisabeth ihre Popularität und ihre Macht verdankte, ist bemerkt worden. Kein Vorwurf gegen ihren Nachfolger wog schwerer, als daß er sich in freundliche Beziehungen zu Spanien einließ und dadurch seine Untertanen nötigte, sich Schranken aufzulegen in dem gewinnbringenden Kaper- und Kolonialkriege gegen diese Macht, den Elisabeth in Friedens- wie Kriegszeiten so fürsorglich hatte emporblühen lassen. Es ging wie eine Erlösung durch das Land, als diese Politik mit dem Scheitern der englisch-spanischen Heiratspläne ihrem Ende entgegen ging. Unter dem Jubel des Volkes wandte sich Cromwell nach den Revolutionsjahren gegen den Handelsrivalen Holland, und als dieser mit französischer Hilfe niedergerungen war, da erhob sich bald der Ruf: Krieg gegen Frankreich!, das durch Colbert und Ludwig XIV. zu einem gefährlichen Handels- und Kolonialkonkurrenten heranzuwachsen drohte. Daß die Regierung noch an der überlieferten antispanischen Politik hing, ward vom Volke als veraltet empfunden; jetzt sei Frankreich gefährlich, Spanien nicht mehr. Die entsprechende Politik, die England bis zur Niederwerfung Napoleons verfolgt hat, war unentwegt vertreten und gefordert vom britischen Volke. Wenn in unserem Jahrhundert die siegreiche Freihandelsbewegung einen anderen Charakter zu tragen schien, so kann sich darüber heute doch niemand mehr täuschen, daß sie in gleicher Weise wie der früher herrschende brutale Protektionismus zugeschnitten war auf den Leib des englischen Volkes und auf seine im Laufe der Zeiten gewaltig umgewandelten Bedürfnisse. Wie lange diese Anschauungen im englischen Volke noch die Herrschaft behaupten werden, vermag niemand zu sagen; daß sie einen für alle Zeiten dauernden Sieg errungen hätten, wird nach den Hergängen der letzten Jahre wohl auch der überzeugteste Freihandelsmann nicht zu behaupten wagen. Wie auch immer, eins steht fest: Glaubenssatz jedes Briten ist, daß England berufen ist, die Wogen zu beherrschen. Rule Britannia, rule the waves! Taucht da ein ernstlicher Mitbewerber auf, so ertönt alsbald der volkstümliche Kriegsschrei: Lick him! The bloody foreigner!

Daß „des Himmels Befehl" im Nationalliede nicht bloß dichterische Phrase ist, das belegt der Leitartikler des Saturday Review, indem er von Englands „bewundernswürdiger Überzeugung" spricht, „daß es in Verfolgung seiner eigenen Interessen nur Licht verbreite unter den Nationen, die in Dunkelheit wohnen". Nie ward nackte Räuberpolitik schamloser mit dem Mantel göttlicher Sendung umhüllt. Wer da glauben möchte, daß das gegenwärtige England doch nicht mehr fähig sei zu Gewalttaten, wie sie das frühere so zahlreich auf dem Kerbholz hat, den möchte ein Hinweis auf die Namen Jameson, Rhodes, Chamberlain denn doch belehren, daß seine Vertrauensseligkeit übel angebracht ist. „Millionen kleiner Streitigkeiten schaffen den größten Kriegsfall, den die Welt je gesehen," sagt der Leitartikler. Ein Handel von fünf Milliarden Mark ist die Beute! Delenda est ist die Losung gegen Deutschland wie vor 240 Jahren gegen Holland.

Es gibt Leute, die da sagen: „Im Kriege mit England nützt uns auch eine stärkere Flotte nichts; sie würde doch die Beute des Feindes sein." Auch der Leitartikler meint: „Das Anwachsen der deutschen Flotte wird Englands Streich nur schwerer auf Deutschland fallen lassen."
Wer als Deutscher so redet, der weiß nicht, was er sagt, und würde, wenn ein englischer Angriff wirklich stattfände, auch zweifellos nicht nach dem Sinne seiner

Worte handeln. Wo ist denn der Deutsche, der diesen Namen noch führen darf, der von der Gnade eines fremden Volkes leben möchte, der sich ruhigen Blutes sagen könnte: „Ich und mein Volk und mein Reich, wir existieren in den Grenzen und Formen, die meinem englischen Nachbarn gefällig sind, und so lange es ihm beliebt; wir sind in der Welt zufrieden mit dem, was er uns gestatten will." Wenn England, wie der Leitartikler will, uns anfiele aus Handelsneid, unsere Flotte zu zerstören oder wegzunehmen, unsere Häfen zu sperren suchte, wo wäre der Deutsche, der wagen würde, seinen Landsleuten zu sagen: „Erkundigt euch, um welchen Preis der Frieden zu haben ist, und zahlt!" Wo wäre der Deutsche, der achselzuckend die Hände in den Schoß legen und erklären würde: „Gegen England können wir nichts machen; wir müssen es uns gefallen lassen, von ihm zur Ader gelassen zu werden, wenn wir ihm zu vollsäftig erscheinen." Ein Schrei des Zornes und der Wut würde aufgellen von Memel bis zum Bodensee, und nur ein Gefühl würde deutsche Herzen beseelen, das der Rache. Die Nation würde ihren letzten Groschen und ihren letzten Mann daran setzen, einem solchen Gegner nicht zu weichen. Was das kleine Dänenvolk nach dem schmachvollen englischen Überfalle von Kopenhagen sich nicht hat bieten lassen, das sollten wir ruhig hinnehmen? Wir verdienten nichts Besseres, als für alle Zeiten Knechte und Sklaven fremder Völker zu sein, wenn wir so handelten. Wahrlich, die reden töricht, die uns glauben machen wollen, wir müßten notgedrungen wehrlos sein und bleiben gegen das seemächtige England. In Wirklichkeit liegt die Sache so, daß, wenn wir wollen, wir uns wohl so gerüstet halten können, daß eine besonnene englische Politik sich denn doch dreimal besinnen würde, ehe sie es wagen möchte, einen Krieg mit Deutschland nach dem Rezept des Leitartiklers vom Zaune zu brechen.

Dazu bedarf es noch lange keiner Kriegsflotte, die imstande wäre, der englischen die Spitze zu bieten. Angegriffen von England, möchte es uns nicht unmöglich sein, Rußland als Bundesgenossen zu gewinnen. Es könnte für diesen Staat keine günstigere Gelegenheit geben, seinen asiatischen Zielen näher zu treten. Ein Bündnis mit Deutschland hat für die Erreichung dieser Ziele einen viel größeren Wert als ein solches mit Frankreich, weil es Rußland viel besser den Rücken deckt. Den Gedanken, daß ein englischer Angriff auf Deutschland auch Frankreich veranlassen würde, mit uns gemeinsame Sache zu machen, um den Übermut des Inselvolkes zu bändigen, wollen wir einstweilen ins Reich der Träume verweisen. Gefolgsgenosse Englands gegen Deutschland würde Frankreich aber ohne Rußland sicherlich auch nicht werden, da es dann für sich die Schläge, England aber die Beute haben würde. Für Rußland wie unter Umständen für Frankreich kann aber ein deutsches Bündnis gegen England nur Wert haben, wenn Deutschland über maritime Streitkräfte verfügt, die ins Gewicht fallen. Handelte es sich z. B. um den Eintritt Rußlands in den Kampf gegen England an Deutschlands Seite, so würde von ganz hervorragender, wahrscheinlich von ausschlaggebender Bedeutung die Frage sein, ob Rußland hoffen könnte, mit Hilfe der deutschen Flotte und des Kieler Kanals den Engländern die Ostsee streitig machen und Elbe und Weser einigermaßen offen halten zu können. Unsere Bündnisfähigkeit wird in solchem Falle in erster Linie bedingt sein durch die Leistungsfähigkeit unserer Flotte.

Aber auch ohne einen Verbündeten haben wir durchaus keinen Grund, zu verzweifeln an der Möglichkeit eines Widerstandes, mit dem England rechnen müßte. Man muß sich doch vergegenwärtigen, daß Streitkräfte, wie sie in der britischen Flotte vereinigt sind, als geschlossenes Ganzes an einem Punkte zugleich nicht auftreten können. Was unter einem Kommando zu einer Aktion vereinigt werden kann, das geht über gewisse, durch politische und taktische Verhältnisse vorgezeichnete Grenzen nicht hinaus. Dazu muß ja jeder, der unsere ganze Küste blockieren will, seine Streitkräfte teilen. Schwerlich würden wir es also mit einem Drittel, wahrscheinlich noch nicht mit einem Viertel der englischen Flotte zu tun haben, wenn wir versuchen wollten, durch eine Schlacht vor der Elbe oder der Kieler Bucht eine englische Sperre zu brechen. Und einen solchen Versuch müßten wir machen, wenn wir den Gegner, der uns an der Kehle packt, abschütteln wollen. Daß unsere jetzige Flotte nicht stark genug ist, ihn mit Aussicht auf Erfolg zu wagen, ist sicher. Aber daß wir nicht imstande wären, eine Flotte zu schaffen, die das vermöchte, ist eine völlig unerwiesene Behauptung. Wäre sie wahr, so brauchten unsere Kaufleute, unsere Fabrikanten und Arbeiter sich nicht weiter Mühe zu geben um Besserung und Vermehrung ihrer Erzeugnisse und Hebung des Absatzes; wir müßten doch zufrieden sein mit dem, was die Engländer uns übrig lassen wollten, und würden bald in die Lage kommen, uns mit unserer Kultur und Lebenshaltung wieder rückwärts in die alte Dürftigkeit konzentrieren zu können, unseren Bevölkerungsüberschuß wieder daheim darben oder auswärts von fremden Nationen als Kulturdünger verwenden zu lassen.

Es würde müßig sein, alle die Kombinationen durchsprechen zu wollen, unter denen wir in europäischen Kriegen unserer Flotte bedürfen könnten. Aber eine Erwägung mag hier doch noch Platz finden. Eine Gegnerschaft zwischen Rußland und England besteht seit länger als einem halben Jahrhundert und zeigt unleugbar mehr Neigung zur Verschärfung als zur Milderung. Die russische Politik beteuert, daß ihr

Verhältnis zu Frankreich nicht als Feindseligkeit gegen Deutschland aufgefaßt werden dürfe. Wie, wenn der Zweibund seine Spitze mehr und mehr gegen England richten sollte? Ist es denn ganz undenkbar, daß eines Tages Rußland und Frankreich in Waffen gegen England stehen? Deutschland hätte keinen Anlaß, sich in einen solchen Konflikt einzumischen. Wohl aber würde sich England fragen, was ihm Deutschlands Neutralität denn nützen könne. Deutschlands Verkehr würde während eines solchen Konflikts riesenhaft anschwellen; seine Handelsflotte würde überall sein, und es würde sich in Märkte einbürgern, aus denen es schwer wieder zu vertreiben wäre. Einer kühnen Politik kann unter solchen Umständen leicht der Gedanke kommen: Lieber einen offenen Gegner als einen schadenbringenden Neutralen. Unser Handel könnte Belästigungen ausgesetzt werden, die wir uns nicht gefallen lassen könnten; es könnte an uns auch versucht werden, was 1801 und 1807 Dänemark widerfuhr. Daß allein aus solchen Gründen England im Jahre 1780 an Holland den Krieg erklärte, ist bekannt. Nur eine Flotte, mit deren Gegnerschaft England rechnen müßte, könnte unsere Neutralität sichern und uns die volle Freiheit unserer Entschließungen wahren.

So ist also klar, was unsere Flotte zu leisten hat, wenn sie sein soll, was wir zu unserm gesicherten Bestehen, das will vor allem sagen zu unserer freien, von fremdem Belieben unabhängigen wirtschaftlichen Fortentwicklung, unentbehrlich brauchen. Sie muß gegenüber jedem Feinde unsere Häfen bewahren können vor längerer Sperrung. Sie muß uns bündnisfähig machen für Mächte, die einen Seekrieg zu führen haben. Sie muß unter allen Umständen imstande sein, unsere Neutralität zu decken und uns in großen europäischen Konflikten die volle Freiheit des Handelns zu wahren. Das sind ihre großen Hauptaufgaben, deren Lösung wir fordern müssen als ein Volk, das nun einmal zu den leitenden Europas zählt, und das von der Stelle, auf die es durch unwiderrufliche Ereignisse gestellt worden ist, nicht weichen kann, ohne sich selbst aufzugeben. Daß diese Aufgaben eine Schlachtflotte, und zwar eine allen Erfordernissen einer wirklichen Seeschlacht genügende Schlachtflotte, erfordern, versteht sich von selbst. Des älteren Pitt Ausspruch: „Der Verteidigungskrieg zur See ist der Vorläufer des sicheren Untergangs", gilt auch insofern für Deutschland, als es wenigstens imstande sein muß, zum Angriff überzugehen, sobald die Gelegenheit günstig ist. Diese Aufgaben verlangen aber auch eine Anzahl tüchtiger Kreuzer. Unsere Handelsschiffe bedürfen auf der Fahrt eines gewissen Schutzes. Kapernde Kreuzer können ja nicht mehr Erfolge erringen als einst die Alabama. Dampfer sind auf dem Weltmeer nicht, wie vielfach die

Segelschiffe, auf gewisse Straßen angewiesen; man kann ihnen dort nicht wie den Seglern mit sicherer Aussicht auf Beute auflauern. Aber eines Geleits bedürfen sie von unseren Küsten zwischen Schottland und Norwegen hindurch in den Ozean. Denn in der Nordsee wird der Feind ihnen aufpassen, gleichviel ob er die Blockade aufrecht erhalten kann oder nicht. Sind unsere Schnelldampfer einmal draußen, dann mögen sie sich selber helfen. In einem Strauß mit England haben unsere eigenen Hilfskreuzer, an denen wir es in einem künftigen Seekriege hoffentlich nicht fehlen lassen werden, übrigens keine geringere Aussicht auf Beute als die englischen. Eine aus Schlachtschiffen und Kreuzern zusammengesetzte Flotte, die diesen Erfordernissen genügt, entspricht auch all den Bedürfnissen, die im Verhältnis zu überseeischen Staaten an sie herantreten könnten, während wir mit unserer jetzigen Marine bei der Entwicklung der Seestreitkräfte asiatischer und amerikanischer Staaten in der Tat nicht sicher wären, überall unser Recht wahren und decken zu können. Sie würde auch das beste Mittel sein, Landungsversuche, die bei einem Kriege gegen zwei Fronten denn doch höchst gefährlich werden könnten, zu stören oder ganz unmöglich zu machen.

Was von den Plänen unserer Marineverwaltung bis jetzt bekannt geworden ist, hält sich durchaus innerhalb der hier gekennzeichneten Grenzen. In wohlerwogener Würdigung der Verhältnisse strebt man die Erreichung des Zieles nur allmählich an nach Maßgabe der Leistungsfähigkeit der heimischen Werften und der Möglichkeit, die erforderliche Mannschaft auszubilden. Derartigen Zielen gegenüber von uferlosen Plänen zu reden ist Demagogie. Es ist seinerzeit das Wort gefallen, man müsse Preußen den Großmachtkitzel austreiben. Die gleiche politisch-historische Urteilslosigkeit, die aus dieser Bemerkung spricht, treibt jetzt wieder ihr Wesen in den Deklamationen gegen eine „Weltpolitik". Wir sind jetzt schon eine Weltmacht; unsere Interessen sind verzweigt weit über Europa hinaus. Dabei behält Bismarcks Wort über unsere Stellung zur Balkanpolitik seine volle Gültigkeit. Man kann Interessen haben und kann sie vertreten, ohne doch überall vorne dran zu sein. Daß aber der deutsche Kaufmann und der deutsche Schiffer überall hin ihrem friedlichen Gewerbe nachgehen können, das sind wir ihnen, das sind wir allen denen schuldig, denen sie unentbehrliche Bedürfnisse zuführen, deren Arbeiten sie über die Welt hin verbreiten, und das ist jetzt so ziemlich Gesamtdeutschland. Wir denken nicht daran, irgend ein Volk, und nun gar die Engländer, von der See zu vertreiben; wir wollen und dürfen uns aber auch nicht verdrängen lassen. In diesem Sinne treiben wir und müssen wir „Weltpolitik" treiben. Unwiderleglich lehrt die Geschichte, daß selbständige, die eigenen Interessen verfolgende Teilnahme am Welthandel nur errungen und gesichert werden kann durch politische Macht, und zwar durch Macht, die zur See verwendbar ist. Eine solche Macht zu schaffen, ist für ein Volk, das der Teilnahme am Welthandel nicht mehr entraten kann, unerläßliche Pflicht gegen sich selbst. Da handelt es sich nicht um „uferlose Pläne".

Eine vollständige Verkennung der Tatsachen liegt in der Auffassung, daß es sich eigentlich doch nur um Regierungspläne, ja um persönliche Liebhabereien unseres Kaisers handle. Nein, die Flottenfrage ist bitterböser Ernst für unser Volk, für unser ganzes Volk. Unser Reich paßt, wie es dasteht, ja manchem seiner Bürger nicht. Der eine findet dieses, der andere jenes zu bessern. Aber daß der Deutsche, auch der, der sich in der Opposition gegen die Regierung zu bewegen pflegt, mit ganz verschwindenden Ausnahmen nicht gewillt ist, unser Reich einfach wieder zerschlagen zu lassen, dafür geben doch Tage wie der der Landsturmsabstimmung unwiderlegliche Beweise. Artillerie- und Gewehrvorlagen sind hinausgerückt über den Kreis der Parteimeinungen. Daß es unsere Flotte nicht ist, bleibt für jeden, der sich mit dieser Frage eingehender beschäftigt, unverständlich, um so unverständlicher, als gerade eine Flotte lange Zeit ein Lieblingstraum des deutschen Volkes, vor allem auch der Süddeutschen war. Gerade von Württemberg und Baden her wurde der Gedanke schon 1817 am Bunde angeregt. Kaum eine Untat ist dem alten Bundestage so schwer angerechnet worden, als daß er die Flotte, welche die Begeisterung des Jahres 1848 geschaffen hatte, unter den Hammer brachte. Man begreift nicht recht, wie gerade die linksstehenden Parteien, die doch sonst freier Entwicklung des Verkehrs das Wort reden, sich engherzig verschließen können gegen Forderungen, deren vornehmster, ja ausschließlicher Zweck ist, unseren Handel verteidigen zu können. Gerade die Kreise, in denen sie Boden zu haben pflegen, werden ja in erster Linie gestärkt durch die Entfaltung unseres Verkehrslebens. Eine Politik aus großen Gesichtspunkten, die nicht allein auf den nächstliegenden Wahlerfolg hinarbeitete, würde das nicht übersehen. Sie würde durch solche Haltung beweisen, daß auch sie imstande ist, die Regierung der Nation in die Hand zu nehmen und deren Gesamtinteressen zu vertreten. Denn das kann nur, wer ein Verständnis zeigt für die Aufgaben, die einem großen Volke und Staatswesen in unserer Zeit der Weltbeziehungen gestellt sind. Die Reichsverfassung gewährt dem deutschen Volke weitgehende Rechte; sie legt ihm aber auch Pflichten auf. Es kann heute nicht mehr wie in seligen Bundestagszeiten die Verantwortung auf seine monarchischen Leiter abwälzen. Es muß selbst ein Verständnis zeigen für die Bedingungen seines Seins, und es ist Pflicht seiner politischen Führer, dieses Verständnis zu wecken und zu fördern ohne Rücksicht auf die augenblickliche Stimmung der Wählermassen, denen sie gegenüber stehen. Sonst möchten Tage kommen, an denen es schrecklich offenbar würde, daß unser Volk ein Recht in Händen hielt, welches es zu seinem Heile nicht zu brauchen verstand. Es wäre eine traurige Genugtuung, wenn dann unsere Regierungen dem deutschen Volke zurufen könnten: Tua culpa, tua maxima culpa.

Als Hauptargument gegen die Verstärkung unserer Flotte wird ihre Kostspieligkeit ins Feld geführt; Deutschland sei zu arm, zugleich sein großes Heer und eine verstärkte Flotte zu erhalten. Wie oft ist mit solchen Gründen die Unhaltbarkeit unserer Landmacht bewiesen worden! Man wird an Voltaires Wort erinnert: „In den blühendsten Zeiten kommen beständig Schriften heraus, um zu beweisen, daß das Reich zugrunde gehe." Hat Preußen nicht durch sechzig und mehr Jahre gleiche und größere Heereslasten getragen als seit 1871 das Deutsche Reich, und ist es deshalb in seiner Entwicklung und seinem Wohlstand hinter dem übrigen Deutschland zurückgeblieben? Exakte Vergleiche der Wohlhabenheit der verschiedenen Völker sind ja schwer anzustellen. Aber einiges mag doch angeführt werden. Die amerikanische Münzstatistik berechnet den Münzvorrat Deutschlands auf 2835 Millionen Mark in Gold, 869 Millionen in Silber, auf

382 Millionen Gold, 458 Millionen Silber mehr als den Englands. Die Vereinigten Staaten besitzen fast dreimal so viel Silber, aber weniger Gold als Deutschland. Nur Frankreich ist um 428 Millionen Mark in Gold, 1198 Millionen in Silber überlegen. Nach einem, dem letzten internationalen Kongresse für Statistik vorgelegten, im Auftrage ausgearbeiteten Berichte des Franzosen Alfred Neymarck betrug Deutschlands Vermögen an Wertpapieren 92 Milliarden Mark, das Frankreichs nur 80, Englands allerdings 182,6 Milliarden. Unser dem französischen wesentlich überlegener Warenhandel stellt zweifellos auch einen Besitzmesser dar. Die preußische Ergänzungssteuer hat für das Königreich einen steuerpflichtigen Vermögensbesitz von 64 Milliarden nachgewiesen, was, auf das Reich übertragen, für dieses gut 100 Milliarden ausmachen würde, gegen 2000 Mark auf den Kopf der Bevölkerung. Mindestens ein Drittel, wahrscheinlich fast die Hälfte dieser Summe beträgt das durchschnittliche Jahreseinkommen jedes Deutschen, die Marineausgaben dagegen 1896/97 im Ordinarium und Extraordinarium nur zwei Mark auf den Kopf der Bevölkerung. Gegenüber derartigen Zahlen muß die Behauptung, daß Deutschland nicht imstande sei, für seine Kriegsflotte größere Ausgaben zu machen, zunächst als völlig unerwiesen gelten. Als Gustaf Adolf die niederdeutschen Fürsten und Städte anzuspornen suchte, den Ver-

größerungsgelüsten Christians IV. von Dänemark entgegen zu treten, schrieb er an den Herzog Adolf Friedrich von Mecklenburg: „Ein Schiff kann des Jahres nicht viel mehr kosten, als manch Bankett einem Euer Liebden unterweilen kostet, und wäre doch Euer Liebden mit einem mehr als mit dem andern gedient." Über die jammervolle Haltung dieser Fürsten- und Stadtstaaten, deren Schwäche den Dreißigjährigen Krieg herauf beschwor, hat die Geschichte ihr Urteil gesprochen. Möchte die Nachwelt nicht Anlaß finden, zu sagen, das deutsche Volk erlebte Jahre der Not und des Elends, weil es zwar alljährlich auf den Kopf 20 Mark für Bier, 4 für Branntwein, 3 für Tabak ausgeben konnte, für eine starke Seewehr aber nicht so viel aufzuwenden vermochte, wie sein letzter Arbeiter gelegentlich bei einer lustigen Zeche daransetzte. „Es ist eine kleinliche Ansicht, eine Ansicht, die bei einer großen Nation ins Lächerliche geht, wenn man die Kosten einer Marine als Grund anführt, ihren Seeverkehr schutzlos zu lassen", schreibt Friedrich List.

Der Franzose ist überzeugt, daß er an der Spitze der Zivilisation marschiere, daß die Menschheit nur glücklich werden könne durch seine Kultur. Der Engländer glaubt, daß er „durch Vertretung seiner Interessen Licht verbreite unter den Völkern, die sonst in Dunkelheit wohnen". Das Volk der Dichter und Denker wird sich schwer verlieren in solche Einseitigkeit. Aber sollte es nicht auch Anlaß haben zu dem Glauben, daß seine Eigenart etwas wert sei im Völkergarten? Bedeutet denn seine Bildung nichts für die Kultur der Menschheit? Bei keinem Volke sind die Quellen, aus denen moderne Bildung entsprungen ist, so vollständig ineinander geflossen wie bei uns. Es gibt kein Volk, in dem Verständnis und Duldung für fremde Eigenart so tief Wurzel gefaßt hätten, Sinn für Recht und Billigkeit so weit verbreitet wären wie in unserem deutschen, wenige, in denen das Bedürfnis, Gesinnung und Handlung in Einklang zu bringen, so allgemein und stark wäre. Wir besitzen Institutionen, die unserer eigensten Art entsprungen sind, und auf die wir stolz sein können gegenüber dem Auslande. Unser Bildungswesen ist das bestentwickelte der Welt. Mit unserer sozialen Gesetzgebung schreiten wir allen anderen Völkern voran. Mag sie unsere Arbeiter noch lange nicht befriedigen, ein Schatz bleibt sie doch, dessen Wert auch sie nicht mehr leugnen würden, wenn sein Verlust drohte. In Reich wie Einzelstaaten besitzen wir einen Reichtum gemeinnütziger Anstalten, wie er sich nirgends wieder findet. Vergessen wir nicht, daß das alles beruht auf unserer Einheit und Stärke, daß unsere Blüte geknickt ist, wenn unsere Macht zerbricht. Eines Volkes Niedergang zieht auch den Letzten seiner Angehörigen in Mitleidenschaft. Hoffen wir, daß diese Erkenntnis auch bei uns durchdringt, wie sie Engländer, Franzosen, Amerikaner besitzen, daß auch unser Volk in den weitesten Kreisen einsehen lernt, daß es nur eine Pflicht gegen sich selbst erfüllt, wenn es seine Weltstellung behauptet. Dringt diese Erkenntnis nicht durch, so müssen wir es willenskräftigeren Völkern überlassen, die Welt nach ihrem Sinne zu regieren. Engländer und Franzosen, Russen und Amerikaner schicken sich dazu an; von der Entscheidung über unsere Flotte wird es abhängen, ob auch wir neben ihnen stehen werden.

Die Mühlen der Geschichte mahlen langsam, aber sie mahlen sicher. Wir sind groß und mächtig und auch reich und glücklich gewesen vor anderen Völkern des Abendlandes. Wir sind dann klein und arm und verachtet geworden, ein Volk, das kümmerlich auf seiner Scholle saß und sich ducken mußte unter den Herrentritt stärkerer Nationen. Aber der unvergleichliche Reichtum geistigen und körperlichen Könnens, den uns ein gütiger Gott verlieh, hob empor aus drangvoller Not. Wir sind abermals ein Volk geworden, das selbst über seine Geschicke entscheiden kann, frei von Rücksicht auf die Fremden. Werden wir uns wirklich, wie der Franzose zu wissen glaubt, spalten in zwei Lager: Hie Kaiser, hie Volk? Werden wir es tun in einer Frage, die doch wie eine die ganze Nation angeht, die den Arbeiter kaum weniger persönlich berührt als den Kaiser selbst? Geschähe es, die Geschichte würde harte Worte finden, unsere Kurzsichtigkeit und Parteiverbissenheit zu brandmarken. Was bedeuten in solcher Lage noch so berechtigte Mißstimmungen? Hier gilt es die eine große Sache, die unter den etwaigen Mängeln ihrer Vertretung nicht leiden darf. Hier gilt es, unserem Volke sein Recht auf die Zukunft zu wahren, die man ihm für alle Zeiten verkümmert, wenn man ihm zur See nur die Rolle des Geduldeten zuweist. Möge der Geist der Einsicht und Mäßigung, der selbstlosen Hingabe an die vaterländischen Pflichten die Beratungen lenken, denen Deutschland und die Welt mit Spannung entgegensehen, und deren Ausgang einen Markstein in unserer Geschichte bilden wird. „Eine Nation ohne Schiffahrt ist ein Vogel ohne Flügel, ein Fisch ohne Flossen, ein zahnloser Löwe, ein Hirsch an der Krücke, ein Ritter mit hölzernem Schwert, ein Helote und ein Knecht der Menschheit. Wer an der See keinen Teil hat, der ist ausgeschlossen von den guten Dingen und Ehren der Welt, der ist unseres lieben Herrgotts Stiefkind." So schrieb vor mehr als einem halben Jahrhundert der Reutlinger Friedrich List. Wollte Gott, daß diese Erkenntnis bald Gemeingut unseres ganzen Volkes werden möchte! Dann wäre seine Zukunft auf festen Grund gebaut.

Weltlage und Flottenverstärkung.[1]

Das Jahrhundert geht zur Neige; ein neues steigt herauf. Bis vor kurzem waren die Kreise, die in solchen Fragen sich hören lassen, noch einig, was es bringen werde, ein goldenes Zeitalter glänzender Kultur mit allen Segnungen eines kaum noch zu störenden Friedens. Unmöglich könne Europa länger in Waffen starren; Einsicht und Edelmut einer neuen Zeit würden die Fesseln sprengen, durch die jetzt noch die Völker gehindert seien am freien und friedlichen Wettbewerb ihrer Kräfte; die Morgenröte allgemeiner und ewiger menschlicher Glückseligkeit leuchte unverkennbar.

Wer läßt sich nicht gern von so schönen Träumen umgaukeln? Und die Entwicklung der Menschheit schien ja kaum eine andere Richtung nehmen zu können. Welche ungeahnten, welche unermeßlichen Fortschritte hatte naturwissenschaftliches Erkennen gemacht! Wie waren die Schwierigkeiten von Raum und Zeit zurückgedrängt! Ist es solchen Erfolgen gegenüber ein zu kühner Flug, wenn man hofft, sie noch weit mehr herabdrücken zu können? Und wie muß dann die Erde zu einem einheitlichen Ganzen zusammenwachsen! Die Zeit ist da, wo es wirklich eine Weltgeschichte geben wird, von der man

[1] Deutsche Stimmen Nr. 16 vom 15. Nov. 1899.

so lange sinn- und gedankenlos gesprochen hat! Nirgends mehr werden sich größere Umwälzungen vollziehen können, von denen nicht alle Kulturvölker in Mitleidenschaft gezogen werden. Und wird es dann nicht in ihrer aller Interesse liegen, jeden Bruch des Friedens zu hindern? Wer wird das Odium noch auf sich laden mögen, der Störer des allgemeinen Glückes zu sein? Und wenn je so frevle Gesinnung sich bei einem Sterblichen finden sollte, haben nicht die staunenswerten Fortschritte moderner Technik Vernichtungsmittel geschaffen und schaffen sie fortgesetzt, deren Wirkungen selbst den Verruchtesten zurückschrecken lassen vor der Verantwortlichkeit eines Friedensbruches? Kann man sich bei der jetzigen Zahl und Bewaffnung der Heere überhaupt noch einen Zusammenstoß großer Nationen denken? Und wenn etwa eine kleinere von einem mächtigen Feinde überrannt werden sollte, werden nicht die Führer der Weltgeschicke, die ihre Interessen empfindlich getroffen sehen, einschreiten und Ruhe schaffen? Sind doch die mächtigsten und zukunftsreichsten unter ihnen, Amerikaner und Engländer, erklärte Friedensfreunde! Wo wird entschiedener für den ewigen Frieden geredet und geschrieben, wo werden die schönen Worte Zivilisation und Kultur häufiger und eindrucksvoller im Munde geführt als bei diesen vorgeschrittenen und edeldenkenden Völkern! Sie sind Vorkämpfer der Humanität! Und humane

Weltlage und Flottenverstärkung

Gesinnung und Gesittung wird siegreich ihren Einzug halten in das Europa und die Welt des 20. Jahrhunderts! Ein Tropf oder ein Übelwollender, der daran noch zweifelt!

Das waren die Stimmungen und Anschauungen, die bis vor kurzem sich steigender Verbreitung erfreuten, mit denen noch in weiten, ja weitesten Kreisen und nicht zuletzt in Deutschland die Friedensbotschaft des Zaren entgegen genommen wurde. Die Erfahrung der letzten dreißig Jahre hat ja gelehrt, daß man an das politische Verständnis unserer Landsleute auch im neuen Reiche nicht allzu große Anforderungen stellen darf; aber daß zahlreiche und darunter zweifellos vaterländisch gesinnte Deutsche an das Beginnen Kaiser Nikolaus' II. jubelnde Friedenshoffnungen knüpften, das blieb doch hinter den bescheidensten Ansprüchen an politische Urteilsfähigkeit zurück. Und das konnte geschehen, trotzdem Rußland selbst die unmittelbar vorher beschlossenen umfassenden Rüstungen ununterbrochen fortsetzte, trotzdem kurz zuvor der Friedensstaat par excellence, die unbewaffnete, von keinem Heeresbudget gedrückte Union, unter unverhülltem Rechtsbruche die älteste Kolonialmacht Europas mit Krieg überzogen hatte und ihr Besitzungen raubte, die durch die Geschichte von vier Jahrhunderten fast unzertrennlich mit ihr verknüpft schienen. Allerdings war ja das Bild fast beispielloser innerer Verrottung und Verlotterung, das die alte glaubensstarke, aber tatenschwache spanische Monarchie dem überraschten Europa bot, geeignet, den Unwillen zu mildern, den ihre Niederwerfung erregte. Ein derartiges Pflaster auf die Wunde, die dem Friedensglauben durch das Vorgehen der Amerikaner geschlagen werden mußte, fehlte aber ganz und gar für den schmerzvollen Hieb, den ihm der Zar mit echt moskowitischer Ungeniertheit selbst versetzte, indem er in eben den Tagen, wo er sich Europa als Friedensmissionar vorstellte und Abrüstung forderte, mit souveräner Nichtachtung der bestehenden Verträge von seinem finnischen Großfürstentum eine Erhöhung der Wehrleistung auf nahezu das Dreifache verlangte. Hier handelte es sich um ein Staatswesen, das unter den schwierigsten Verhältnissen durch harte Arbeit und unermüdliche Ausdauer sich im Laufe unseres Jahrhunderts empor gearbeitet hat zu gleichberechtigter Stellung mit den Kulturnationen Europas und heute mit Ehren neben ihnen bestehen kann. Im Namen des russischen Einheitsstaates und seiner sogenannten Kultur suchte brutale Gewalt, gehandhabt von dem Manne, der es wagte, als Friedensheiland aufzutreten, ein friedfertiges, nur seiner Vervollkommnung lebendes Volk herabzuziehen von einer Höhe, welche der angebliche Kulturbringer menschlichem Ermessen nach noch im Laufe des ganzen nächsten Jahrhunderts nicht ersteigen wird. Das mußte doch auch den vertrauensseligsten

Weltlage und Flottenverstärkung

Laien in der Politik irre machen in dem blinden Glauben an die unverbrüchliche Friedens- und Rechtsliebe des heraufsteigenden Zeitalters.

Unseren stammverwandten Nachbarn jenseits des Nordmeeres aber blieb es vorbehalten, diesem Glauben den Todesstoß zu versetzen. Ist je ein Friedensbruch brutaler erfolgt, je ein gleich nichtiger Vorwand zum Kriege vom Zaune gebrochen worden, wie bei Englands Vorgehen gegen die Buren? Die schlimmsten Zeiten römischer Eroberungspolitik weisen keine gröberen Rechtsbrüche auf. Und man bemüht sich auch gar nicht einmal, daraus ein Hehl zu machen. Man will herrschen in Südafrika; nur ein Wille soll dort gelten, der Englands. Da das durch einen Freibeuterzug nicht zu erreichen war, will man es durch offenen Krieg erzwingen. Warum die englische Regierung wohl noch immer leugnet, Mitwisser zu sein im Jameson-Falle, was ihr doch angesichts der Sekretierung der Hawksley-Papiere niemand mehr glaubt? Sie wiederholt ja jetzt den gleichen Raubversuch, den sie offiziell verpönte! Und das trotz der Haager Verhandlungen und Vereinbarungen, in deren Verlaufe die englische Presse nicht müde wurde, Deutschland als den böswilligen Gegner friedlich-schiedlicher Ausgleichung der Völkerzwiste zu brandmarken! Die fadenscheinigsten Ausflüchte genügen dem stolzen Albion, um sich jetzt schiedsrichterlicher Entscheidung zu entziehen. Es schickt seine Mietsoldaten aus, ein Volk zu unterwerfen oder zu vernichten, in dessen Reihen Jüngling, Mann und Greis, Sohn, Vater und Großvater fechtend zusammenstehen und, wenn es Gottes Wille ist, fallen für die Freiheit ihres mit Arbeit und Blut erkauften Bodens. Die Millionen gegen die Tausende! English fairness, die die Schwachen nicht vergewaltigt! Und das alles, um angeblich etwas durchzusetzen, was nach fünf oder höchstens sieben Jahren mit dem Stimmzettel in der Hand sicher zu erreichen war! Ströme von Blut müssen fließen, weil Chamberlain, Cecil Rhodes und Genossen es so wollen. Zwar erheben sich Stimmen, die das Verfahren mißbilligen. Aber sie können sich nicht entschließen, ihre Mitwirkung zu versagen; was die Regierung verlangt, wird bewilligt. Right or wrong, my country! Dem Kundigen nichts Überraschendes, auch eine Haltung, die dem politisch Denkenden unter allen Umständen Achtung abnötigt, aber mit der Vorstellung eines friedensfreudigen, rechtliebenden England schlechterdings unverträglich! Der Erobererinstinkt dieses länderreichsten und ländergierigsten Volkes, das die Erde je gesehen, tritt einmal wieder in unverhüllter Nacktheit ans Tageslicht. Wir wollen herrschen! Unser ist das Land nach Gottes Willen! Mit schauderndem Ingrimm hat man es gelesen, wie die dem Grabe nahe Königin des Himmels Segen herabfleht auf die Waffen ihrer Mietlinge, „die für eine gerechte Sache kämpfen". Die sittliche Weltordnung wird auf den Kopf gestellt von diesem Volke, das mit dem Bibelwort im Munde und der Kugel im Rohr die Welt mit seiner Kultur beglückt und, wie der von unserem Kaiser wunderbarerweise ausgezeichnete Rudyard Kipling verkündet, „nach Gottes Willen die Last der Herrschaft auf sich nimmt".

Das Waffenspiel hat begonnen. Gibt es in der nichtbritischen Welt Leute, die England den Sieg wünschen? Sie werden vorhanden sein, auch außerhalb des Kreises derjenigen, deren Parteinahme durch persönliche Interessen bestimmt wird; aber sie zählen höchstens nach Hunderten gegenüber den Millionen. In Europa könnte man sie als Raritäten ausstellen. Die unendliche Mehrzahl jubelt den Buren zu, die mit bewundernswerter Tapferkeit und Entschlossenheit und mit geradezu verblüffender Kriegskunst dem übermächtigen Feinde die Spitze bieten. „Gott halte seine Hand über das fromme Heldenvolk!" so betet wohl mancher, dem es sonst fern gelegen hat, sich für die Buren und ihre Angelegenheiten zu erwärmen. England aber lädt sich eine Last des Hasses auf, die es nicht leicht wieder abschütteln wird, und die auch seinem breiten Nacken einmal schwer aufliegen könnte.

Erbarmungslos hat das Jahrhundert noch vor seinem Abschlusse die Friedensträume gutherziger Menschenfreunde zerstört. Es geht zu Grabe unter Kanonendonner, und wenn das Waffengetöse, mit dem sein Nachfolger begrüßt wird, sich auch auf engerem Schauplatze abspielt, als jenes, mit dem es selbst empfangen wurde, so wird es in unserer aufmerksameren und empfindlicheren Zeit doch nicht weniger weit gehört. Die ganze Kulturwelt verfolgt gespannten Blickes diese empörenden Hergänge. Wird sie eingreifen, eingreifen im Namen des Rechts und der Menschlichkeit? Auch für die Beantwortung dieser Frage haben die Erfahrungen der letzten Jahre wertvolle Lehren gegeben, die den Politiker realistisch und pessimistisch stimmen müssen. Als die Japaner Sieger geblieben waren gegenüber den Chinesen und sich im Himmlischen Reiche festzusetzen gedachten, schritten Rußland, Deutschland und Frankreich ein; Rußland nahm selber, was es den Japanern nicht gönnte. Auch den Türken gestatteten die europäischen Großmächte nicht, ihren Sieg über die Griechen zu verfolgen. Aber wo waren sie, als die Vereinigten Staaten unter brutalem Bruch gegebener Zusagen erklärten, die Philippinen behalten zu wollen? Bedeuten die Philippinen etwa weniger für ostasiatische Politik als Liautung, Manila weniger als Port Arthur? Man braucht die Frage nur aufzuwerfen, und sie ist beantwortet. Englands Interessen gestatteten es, das Vorgehen der Amerikaner mit ermunterndem Beifall zu begleiten; aber wo blieben die übrigen Mächte? Für ihr Verhalten gibt es nur eine Erklärung: Die Union ist groß, und Japan und die Türkei sind klein! Und der gleiche Grund veranlaßt das stolze Britenvolk, vor Rußland in China mutig zurückzuweichen, gegen die Buren aber den Tapferen zu spielen. Auch dem Blödesten muß es klar werden, was der Urteilsfähige nie vergessen hat, daß politische Fragen Machtfragen sind, zehnmal Machtfragen, ehe einmal das Recht entscheidet, daß völkerrechtliche Abmachungen nur so lange Wert haben, als sie den tatsächlichen Machtverhältnissen entsprechen, daß aufstrebende, willensstarke Nationen sich nicht durch ein Blatt Papier abhalten lassen, Ansprüche zu verfolgen, in deren Durchsetzung sie eine Lebensfrage sehen. Mißhandeln sie einen Schwächeren, so wird man sich ihnen nur entgegenstellen, wenn man sich nicht vor ihnen fürchtet. Sind sie stark genug, so können sie jeden Bruch des Völkerrechts ungestraft vollziehen. Erst die ausgleichende Gerechtigkeit der Jahrhunderte, die Macht der trotz alledem bestehenden sittlichen Weltordnung wird sie zur Verantwortung ziehen.

Für unser neues Reich und seine an die Beurteilung großer politischer Hergänge noch so wenig gewohnten Bürger sind diese Lehren, so hart und schmerzlich sie sein mögen, unendlich wertvoll. Wer wünschte nicht, daß es eine irdische Macht geben möchte, die imstande wäre, den Engländern Halt zu gebieten! Aber da ist niemand, der etwas anderes tun könnte als eine Faust in der Tasche machen. Und zumal wir Deutschen sind darauf angewiesen, uns mit dieser Rolle zu bescheiden. Und das, obgleich unsere Interessen nicht zuletzt auf dem Spiele stehen. Unsere Ausfuhr nach Transvaal hob sich von 1,3 Millionen Mark 1892 auf 3,2 Millionen 1893, auf 5,5 Millionen 1894 und 9,3 Millionen 1896. Eine völlige Unterwerfung des Landes unter England, eine Aufrichtung der britischen Herrschaft im gesamten nichtdeutschen Südafrika könnte leicht für uns bedenkliche Folgen haben. Aber wir müssen als Reich die Dinge gehen lassen. Es ist auch kaum denkbar, daß unsere Regierung die Sachlage anders beurteilt. Trotzdem ihre gegenwärtige Haltung englandfreundlich erscheint, hat ihre Führung unserer auswärtigen Angelegenheiten in den letzten Jahren eine andere Annahme nicht verdient. Sie muß geschehen lassen, was sie nicht ändern kann.

Aber sie würde ihre Pflicht nicht erfüllen, wollte sie die Vorgänge nicht in ernste Erwägung ziehen. Die Union ist eine Kolonialmacht geworden. Noch ist nicht klar zu erkennen, ob sie auf dem betretenen Wege weiter gehen wird; aber die Wahrscheinlichkeit ist dafür, und wenn es geschieht, wird es mit der diesem Jünglinge unter den Völkern eigenen Ellbogenkraft geschehen. Scheinen die Amerikaner doch die ersten zu sein, die jetzt von dem Engagement ihrer Stammesvettern Vor-

Weltlage und Flottenverstärkung

teil ziehen wollen, indem sie ihnen den Clayton-Bulwer-Vertrag zerrissen vor die Füße werfen. Wie England zur Weltmacht wurde, ist bekannt. Es beherrscht jetzt Hunderttausende von Quadratmeilen und ein Viertel aller Erdbewohner; doch ist sein Landhunger noch nicht gestillt. Es hat eine Zeit gegeben, wo in England die Meinung Boden gewann, daß man die Welt ohne Aufwand von Streitkräften in friedlichem Verkehr billiger und gefahrloser ausbeuten könne; aber sie hat rasch wieder dem altbewährten karthagisch-römischen System Platz gemacht. Als Frankreich nach dem 70er Kriege seinen europäischen Schaden durch Neugründung eines Kolonialreichs zu bessern suchte, als auch Deutschland sein bescheiden Teil am außereuropäischen herrenlosen Gute in Anspruch nahm, war es für jeden Engländer eine ausgemachte Sache, daß der Union-Jack nicht rasch genug in allen noch freien Winkeln der Welt gehißt werden könne. Nil und Niger, die afrikanischen Seen, Sambesi und Jangtsekiang und alle Gewässer des Großen und Indischen Ozeans wissen davon zu erzählen. Dem räumlichen Umfange nach ist ziemlich die Hälfte des gegenwärtigen unmittelbaren und mittelbaren englischen Kolonialbesitzes in den letzten 25 Jahren zusammengerafft worden. Wie zartfühlend in diesem Bestreben Engländer wie Amerikaner gegenüber den Rechten ihren Mitmenschen sind, darüber sind wir noch vor wenigen Monaten auf Samoa genügend belehrt worden. Nur dem Takt und der Besonnenheit unserer Offiziere und unserer Diplomatie haben wir es zu verdanken, daß wir um Haaresbreite dem Schimpf und dem Schaden einer Vergewaltigung entgingen, die zu vergelten uns die Seemacht gefehlt hätte. Noch brutaler als vor hundert Jahren die Neufranken den linksrheinischen Deutschen die Jakobinermütze aufsetzten, suchen die Engländer jetzt den Buren ihren Tropenhelm aufzustülpen; denken wir daran, daß es binnen kurzem hundert Jahre sein werden, daß die Engländer mitten im Frieden Kopenhagen überfielen und Dänemark seine Flotte raubten. Wer die Geschichte englischer Art auch nur oberflächlich kennt, kann gar nicht daran zweifeln, daß Engländer und Amerikaner uns niederschlagen werden, wenn sie ihren Vorteil darin finden und die Macht dazu haben.

Und von beiden Nationen ist nicht zu bezweifeln, daß sie schon jetzt in weiten Kreisen ihren Vorteil darin sehen, der Stimmung gegen uns Boden zu schaffen, die Cromwell unter seinen Landsleuten gegen Holland zur Herrschaft zu bringen wußte: Carthaginem esse delendam. Wie freundlich die amerikanische Zoll- und Handelspolitik gegen uns in den letzten Jahren gesinnt war, braucht nicht in Erinnerung gebracht zu werden. England aber gewöhnt sich mehr und mehr, in uns einen lästigen, einen unerträglichen Mitbewerber und Nebenbuhler zu sehen. Unser Gesamthandel wird in diesem Jahre 9 Milliarden übersteigen gegen 6 im Jahre 1880; der Englands hat sich in dieser Zeit fortgesetzt um die 14 Milliarden bewegt. Besonders unsere Ausfuhr nähert sich in bedenklicher bzw. erfreulicher Weise der englischen; in den letzten Jahren betrug der Abstand keine Milliarde mehr. Und die Zunahme fällt ganz überwiegend auf die überseeischen Beziehungen! Die Waffe des Made in Germany hat sich gegen ihren Träger selbst gewandt. Aber es könnten andere Mittel versucht werden! Welcher Art die sind, wird unverblümt herausgesagt. Der Leitartikel der Saturday Review vom 11. September 1897 hat seitdem Zustimmung und Nachahmung gefunden. Es gibt Kreise, die die Vernichtung des deutschen Handels für das beste Mittel halten, den englischen zu heben. „Wenn Deutschland morgen vernichtet wäre, so gäbe es übermorgen keinen Engländer in der Welt, der nicht reicher sein würde. Völker haben Jahre um eine Stadt oder ein Erbfolgerecht gekämpft; sollten sie nicht um 250 Millionen Pfund jährlichen Handels kämpfen? Zerstört Deutschlands Flotte und Handel; den Rest werft Russen und Franzosen zur Beute hin!" Nichts berechtigt uns zu zweifeln, daß diese Gesinnung, wie sie vor zwei Jahren die erwähnte Zeitschrift zum Ausdruck brachte, noch heute in weiten und in einflußreichen Kreisen gehegt wird. Und Männer vom Schlage Rhodes' und Chamberlains haben sich in England zu allen Zeiten gefunden.

Weltlage und Flottenverstärkung

Man vergegenwärtige sich unsere Lage. Das letzte Menschenalter war für uns eine Zeit wirtschaftlichen Aufsteigens, wie sie in der gleichen Periode kein anderes Volk erlebt hat. Die Zahlen sind zu oft angeführt worden, als daß sie hier wiederholt zu werden brauchten. Eine selbstbewußte, zukunftsfrohe Tatkraft und Unternehmungslust schwellt unverkennbar die Herzen unseres Volkes. Aber es ist auch unverkennbar, daß das neu erwachte Leben sich in ziemlich einseitiger Richtung bewegt und, wie die Umstände liegen, gar nicht anders bewegen kann. Es sind die industriellen und merkantilen Betriebe, die sich vor allen anderen emporheben. Sie sind angewiesen auf den Verkehr über See. Dorthin geht ein großer, stets wachsender Teil unserer Ausfuhr; von dort beziehen wir einen fortgesetzt steigenden Teil der unentbehrlichen Rohstoffe. Unsere Handelsflotte, die diesen Verkehr in zunehmendem Maße vermittelt, hat sich zur zweiten der Welt emporgearbeitet. Sie besitzt die schönsten und größten Schiffe, die überhaupt auf dem Ozean schwimmen. Wider Erwarten hat unsere Bevölkerungszunahme gerade in den letzten Zählungsperioden ein beschleunigtes Tempo eingeschlagen. Die Auswanderung ist gegen früher auf ein Minimum herabgesunken, weil die Erwerbsbedingungen daheim ziemlich ebenso günstig sind wie sonst in der Welt, beliebte Ziele der Auswanderung auch angefangen haben, den Zuzug zu erschweren. Mit der Zunahme der Bevölkerung kann die Steigerung der Lebensmittelproduktion nur schwer gleichen Schritt halten. Überhaupt ist ja das Wachstum unserer Einwohnerzahl in den letzten drei Jahrzehnten ganz überwiegend der handel- und gewerbetreibenden, der städtischen Bevölkerung zugute gekommen, nicht aber dem flachen Lande. So sind wir auch für unseren Lebensmittelbedarf in steigendem Maße auf das Ausland und ganz besonders auf überseeischen Bezug angewiesen. Es ist gar nicht auszudenken, welche Not über unser Volk hereinbrechen würde, wenn uns einmal die See gesperrt werden sollte. Schon die Schwierigkeiten, die 1864 und 1870 Dänen und Franzosen zu bereiten vermochten, wurden empfindlich gespürt, obgleich wir die erlittenen Nachteile durch glänzende Landsiege wettmachen konnten. Heute aber beziffern sich unsere Seeinteressen mehr als viermal so hoch, und England würde einen ganz anderen Kordon um unsere Küsten legen als jene Gegner. Bis in die entlegensten Gebirgstäler hinein, wo fleißige Hände die Naturkräfte im Dienste industrieller Betriebe ausnutzen, in den weiten Ebenen, wo Zucker- und Spritfabriken für die Ausfuhr arbeiten, in der Hütte des kleinen Mannes, wo der Petroleumlampe das Erlöschen drohen dürfte, würde sich die Sperrung unserer Häfen als ein Landesunglück von erdrückender Schwere erweisen. Selbst die größte Seemacht darf sie nicht schließen können, wollen wir nicht mit einem Schlage um Jahrzehnte zurückgeschleudert werden.

Wir haben aber noch einer anderen Gefahr zu begegnen. Bei einem Angriffe Englands würde unsere erste und wohl einzige Aufgabe sein, unsere Küstengewässer vom Feinde rein zu halten. Eine Seemacht aufzubringen, die in solchem Falle auch imstande wäre, unsere auf allen Meeren schwimmende Handelsflotte zu schützen, unsere Kolonien zu decken, können wir zunächst nicht ins Auge fassen. Gelänge uns die Lösung der ersten Aufgabe, so verlöre der Krieg ja auch einen wesentlichen Teil seiner Gefahr, und wir könnten hoffen, im endlichen Friedensschlusse doch wieder in den Besitz unserer Kolonien zu gelangen. Aber die schweren Verluste, die wir bei einem englischen Angriff erleiden müßten, dürfen wir uns von keiner anderen Nation zufügen lassen. Gegenüber Frankreich und Rußland sind wir gedeckt. In einem Kampfe mit ihnen fällt die Entscheidung zu Lande, und sind wir stark genug, unsere Küsten gegen England freizuhalten, so können wir es auch gegen die beiden Nachbarstaaten, selbst wenn sie verbunden gegen uns im Felde erscheinen sollten. Aber die zwei Jahre, die seit der letzten Flottenvorlage verflossen sind, haben eine Seemacht erstehen sehen, an die man früher bei internationalen Verwicklungen nicht zu denken pflegte, die Vereinigten Staaten. Mit der den Amerikanern eigenen Energie werfen sie sich in die neue Bahn. Ihre Flotte ist schon jetzt der unsrigen mindestens gewachsen, wahrscheinlich überlegen. Darüber kann kein Zweifel sein, daß wir uns von dieser neuen Macht nicht überflügeln lassen dürfen. Sollten die überseeischen Interessen beider Völker eine kriegerische Auseinandersetzung erheischen — was Gott verhüten wolle! — so müssen wir imstande sein, sie an jedem Punkte der Erde durchzufechten, und zwar ohne unsere heimischen Gewässer in bedenklicher Weise zu entblößen.

Wenn hier die kriegerischen Möglichkeiten erwogen werden, so kann man das nicht ablehnen mit der sonst schätzbaren Lehre: „Du sollst den Teufel nicht an die Wand malen!" Die Regierungen müssen bei ihren Vorlagen auf eine derartige Begründung in der Regel verzichten; das Volk aber, das durch den Reichstag mitzusprechen hat, muß gerade diese, die Hauptseite der Sache, einer gründlichen Prüfung unterziehen. Hier liegt das eigentlich Entscheidende für die zu treffenden Maßnahmen. Daß das neue Reich Waffen, die ihm in die Hand gegeben sind, nicht in frivoler Weise mißbraucht, darüber hat eine nun nahezu dreißigjährige Erfahrung Deutschland und die Welt belehren und beruhigen können. Noch nie existierte eine Macht, die so an der Spitze kriegerischen Vermögens stand, und die zugleich so friedfertig gesinnt war. Unser starkes Landheer ist notorisch der Bürge und Hüter des europäischen Friedens. Was wäre aus diesem geworden, wenn wir nach 1870 abgerüstet hätten! Und die gleiche Erfahrung werden wir zur See machen. Man muß uns fürchten, so werden wir nicht angegriffen. Nur wenn ein Angriff auf uns gefahrlos scheint, wird man ihn wagen. Daß wir die Angreifenden sein könnten, ist ausgeschlossen. Aber wir wollen unseren Platz an der Sonne. Und den wird man uns wohl lassen, wenn man weiß, daß wir entschlossen und imstande sind, ihn zu behaupten.

Wie stark unsere Flotte sein muß, um diese Stellung einzunehmen und zu halten, ist eine technische Frage. Nur das kann auch der Laie, besonders der geschichtlich Gebildete, mit unumstößlicher Sicherheit behaupten, daß vor allem eine starke Schlachtflotte zur Freihaltung unserer Küsten notwendig ist, daß die Entscheidung auch beim Seekriege in der Schlacht fällt. In welcher Stärke sich die übrigen Schiffstypen an die Linienschiffe anzureihen haben, hat der Fachmann zu entscheiden. Die Beantwortung der ganzen Stärkefrage ist und bleibt aber auch abhängig vom Verhalten des Auslandes und kann niemals eine dauernde, für alle Zeiten und Vorkommnisse gültige sein. Zahlreiche Deutsche haben bedauert, daß im Flottengründungsplan von 1897/98 nur zwei, nicht drei Geschwader gefordert wurden. Sie zweifelten, ob das Geforderte genügen werde. Aber die Marineverwaltung konnte sich auf Gründe stützen, vor denen Widerspruch verstummen

Weltlage und Flottenverstärkung

mußte. Unsere einheimischen Werften waren nicht in der Lage, mehr zu leisten, und die Heranbildung der erforderlichen Bemannung durfte nicht überstürzt werden. Auswärtigen Schiffsbau heranzuziehen, wie es andere Staaten getan haben, um nur rasch vorwärts zu kommen, erschien die Notlage nicht dringend genug, hätte auch kaum die Billigung des Reichstags gefunden. Jene Hindernisse bestehen jetzt nicht mehr oder sind wesentlich abgeschwächt. Vor allem aber hat die Weltlage eine Umwälzung erfahren, die vor zwei Jahren niemand voraussehen konnte. Die endgültige Verteilung der Plätze an der Sonne vollzieht sich rascher, als erwartet werden konnte. Sollen wir uns abdrängen lassen, wir, die wir doch das Recht haben, nicht minder stolz auf unser Volkstum zu sein als Engländer und Franzosen, Russen und Amerikaner? Oder ist jemand unter uns, der den Wert unserer Kultur geringer einschätzte als den der ihrigen? Mögen sie ihre Vorzüge haben, wir haben die unseren. Für die Menschheit und ihre Forderung gedacht und gearbeitet, gekämpft und gelitten zu haben, können wir uns mit gleichem Stolze rühmen wie irgend ein anderes Volk. Wenn Engländer, Franzosen und Amerikaner und gar die Russen von ihrer Kulturmission überzeugt sind, so haben wir nicht den geringsten Anlaß, uns in dem Völkerkranze, in dem die Kultur des dritten Jahrtausends blühen mag, als minderwertige Blume zu denken.

Weltlage und Flottenverstärkung

Es sind das nicht bloß wohlklingende Worte. Mit Größe und Bestand der Nation und ihres Staates hängen Glück und Wohlfahrt des einzelnen unauflöslich zusammen. Die Geschichte lehrt das tausendfach, unsere eigene zum Schaudern deutlich. Wer der Vergangenheit nicht glauben mag, blicke nach Spanien. Welche Summe von Tüchtigkeit und Bravheit der einzelnen geht dort zugrunde in der allgemeinen Misere von Land und Staat. Das ist es, um was es sich jetzt handelt, unserem Volke klar zu machen, daß hier eine Frage zu lösen ist, die jeden einzelnen Mann angeht, in der die eigene Sache gar nicht getrennt werden kann von der des gesamten Volkes, daß der Parteigeist hier schweigen muß. Das Schicksal hat den Deutschen hinein gestellt in das lebensreichste, aber auch am meisten gefährdete Land Europas; er kann mit diesem Geschicke hadern, er kann sich ihm nicht entziehen. Für ihn wird noch lange, ja für immer der Wahlspruch Friedrichs des Großen gelten: Toujours en vedette! Die Behauptung, Deutschland könne die Last nicht tragen, wird durch ihre ewige Wiederholung nicht wahrer. Wie oft ist in den letzten 40 Jahren behauptet worden, Preußen und Deutschland müßten erliegen unter der Last ihrer Rüstungen. Sie bestehen und blühen, wie sie nie geblüht haben, und seine Bewohner haben eine Lebenshaltung angenommen, wie sie niemals zuvor sie sich haben gewähren können. Die Kapitalansammlung ist in raschestem

Weltlage und Flottenverstärkung

Steigen begriffen. Den immer wiederholten Klagen, daß ein ganz unverhältnismäßiger Teil der von der Menschheit erarbeiteten Güter militärischen Zwecken dienstbar gemacht werde, kann man kecklich die Behauptung entgegenstellen, daß der Friede nie so wohlfeil erkauft wurde wie in unseren Tagen. Oder haben mittelalterlicher Burgen- und Mauerbau etwa nichts gekostet, und haben die endlosen Fehden mit Mietsheeren aller Art etwa nicht am Wohlstande des Volkes gezehrt? Was ist unserem Volke teurer zu stehen gekommen, der Dreißigjährige Krieg, der stehende Heere im deutschen Lande nicht vorfand, oder die 30 Friedensjahre, die wir jetzt durchlebt haben für das Opfer, jahraus jahrein eine Armee von rund einer halben Million zu erhalten? Es ist nicht anders, die beste Sicherung des Friedens ist und bleibt für uns Deutsche eine starke Rüstung, und zwar, wie die Dinge sich im letzten Jahrzehnt gewendet haben, nicht nur zu Lande, sondern auch zur See.

Man braucht auch nicht zu fürchten, daß diese Erkenntnis sich nicht Bahn brechen werde, unaufhaltsam, naturnotwendig, trotz der Zersplitterung unseres Parteilebens. Unser Volk ist in den Sattel gesetzt; es wird reiten können. Von den Sozialdemokraten allerdings haben wir ja das offene Geständnis, daß sie auch gegen bessere Einsicht zu allem, was dem Reiche nottut, nein sagen werden, so lange sie nicht herrschen. Wenn ihre

Wehrmänner einmal mit den Büchsen, die man ihnen nach Schweizer Art ins Haus gegeben hat, die rote Republik werden aufgerichtet haben, dann wird auch diese für eine starke Flotte sorgen. Vielleicht legen sich einzelne Genossen doch noch die Frage vor, ob das deutsche Volk eine solche Kur nach Dr. Eisenbart vertragen und die zu errichtende Republik nach erfochtenem Siege noch Land und Volk zu regieren übrig haben werde. In dem, was sich Freisinn und Demokratie nennt, scheint doch noch nicht alles Verständnis erstorben für die immer zwingender hervortretende Notwendigkeit, die großen nationalen Machtfragen hinaus zu heben über die Parteitaktik. Wenn auch Richter Richter bleiben wird, so wird von seinen Additionsübungen auf dem Gebiet des Heer- und Marinewesens doch mehr und mehr erkannt werden, daß sie ungefähr den Wert haben, wie wenn man berechnen wollte, wie viel Menschen seit Beginn der Volkszählungen in Europa gelebt und was sie alles gegessen und getrunken haben. Die Entscheidung liegt ja beim Zentrum. Und da muß immer und immer wieder betont werden, daß man seinen Angehörigen nicht, wie es ja in übereifrigen evangelischen Kreisen gelegentlich geschieht, nationale Gesinnung absprechen darf. Nichts hindert einen guten Katholiken, genau so deutsch zu empfinden wie ein Protestant. In den Jahrhunderten seit der Reformation ist für den Bestand des Reiches und die Bewahrung seines Bodens mindestens eben so viel, vielleicht mehr katholisches als protestantisches Blut geflossen. Es ist auch schlechterdings gar nicht abzusehen, was bei der gegenwärtigen Weltlage katholische Politik gewinnen sollte durch eine systematische Schwächung des Deutschen Reiches. Das Zentrum hat in diesem eine Machtstellung gewonnen, die es auf dem Boden der früheren Zersplitterung niemals hätte erringen können, und nichts deutet darauf hin, daß ihm diese Stellung so bald verloren gehen könnte. In den Tagen, da unsere neue deutsche Einheit erwuchs, hatte sie besonders mit dem Widerstande katholischer Mächte, Österreichs und Frankreichs, zu kämpfen; da lag eine Teilung der Sympathien nahe und ist doch in den Taten wenig genug hervorgetreten.

Die Schwierigkeiten, die jetzt für uns zu überwinden sind, liegen in ganz anderer Richtung. Mit Österreich sind wir verbündet. Frankreich allein wird uns nie mehr gefährlich werden. Die Möglichkeit seiner Koalition mit Rußland, so nahe sie zeitweise lag, ist zurzeit wieder ziemlich in die Ferne gerückt. Und was hätte in einem solchen Falle die katholische Kirche von einem russischen Siege zu erwarten? Den Mächten, gegen die wir Deckung suchen durch Seerüstung, steht sie gegenüber kühl bis ans Herz hinan. So willkommen es ihr gewesen sein möchte, das 20. Jahrhundert von Habsburg und Frankreich geleitet zu sehen, so wenig hat sie von einer englischen, russischen oder amerikanischen Weltherrschaft zu erwarten. Es kann dem weiten Blick ihrer Leiter auf die Dauer auch nicht entgehen, daß ihr eigenstes Interesse auf das engste verknüpft ist mit unseres deutschen Volkes Geschick und mit seiner Zukunft. Es ist kaum noch zu bezweifeln, daß im kommenden Jahrhundert gerade der deutsche Katholizismus die stärkste und zuverlässigste Stütze seiner Kirche sein wird. Die südeuropäischen Völker, so treu sie im Glauben sein mögen, können Zukunftshoffnungen nicht erwecken. Ob Frankreich zu solchen berechtigt, kann, trotz der gesta Dei seiner Vergangenheit, nach den Erfahrungen des letzten Jahrzehnts in Zweifel gezogen werden. Die Katholiken deutscher Zunge aber, rund 30 Millionen, stehen an Zahl schon heute nur den französischen nach und sind intellektuell und moralisch zweifellos die Elite der Kirche. Und sie sind ein Zweig der germanischen Rasse und nehmen teil an dem rapiden Aufschwung, der deren Völker an die Spitze der gegenwärtigen Entwicklung gestellt hat. Als das Jahrhundert begann, gab es einige 50 Millionen Germanen auf der Erde, nun es schließt, sind deren rund 180 Millionen geworden. Die Romanen mehrten sich in der gleichen Zeit nur von einigen 70 auf 110—120 Millionen. Und wie sehr sind die Germanen, um die Hälfte stärker an Zahl, den Romanen wirtschaftlich und politisch überlegen! Zwei Drittel aller katholischen Germanen aber sind Deutsche! Von England und den

Vereinigten Staaten hat die katholische Kirche nichts zu hoffen. Ihre Organe pflegen es ja mit erklärlicher Taktik anders darzustellen; aber wenn sie von den katholischen Erfolgen in England und Amerika schwärmen, können sie den Kundigen nicht täuschen. Obgleich die Zahl der Anhänger Roms seit der Emanzipation im eigentlichen England sehr stark gewachsen ist, besteht doch die Tatsache, daß der Protestantismus in der britischen Monarchie im 19. Jahrhundert rascher zugenommen hat als der Katholizismus, und einige vornehme Bekehrungen können an dem Gewicht dieses Faktums nichts ändern. Es wird bei der Besprechung dieser Dinge in der Regel die Verschiebung vergessen, die sich vollzog, indem das katholische Irland nach 1845 über die Hälfte seiner Einwohner verlor und ein großer Teil der Emigranten in den englischen und schottischen Industriebezirken Rettung suchte vor dem Hunger. In der Union mögen die römischen Katholiken ja, wie behauptet wird, wirklich die stärkste organisierte Religionsgemeinschaft sein; sie machen mit ihren 12 oder 13 Millionen doch immer nur $1/6$ oder $1/7$ der Gesamtbevölkerung aus, und sie haben keinerlei Aussicht, rascher zu wachsen als die Nichtkatholischen, seitdem ihre vornehmste Nährquelle, die irische, nicht mehr fließt. Es ist nicht anders, die deutschen Katholiken sind Masse und Kern der germanischen Anhänger Roms, und man kann mit vollem Rechte behaupten, daß sie schon jetzt, trotz Frankreich, das wertvollste Besitztum sind, das der Papst überhaupt hat. Den Leitern der katholischen Kirche wird sich diese Tatsache von Jahr zu Jahr mehr aufdrängen. Mag man jetzt noch die Nationchen an unserer Ostgrenze, Polen, Tschechen, Slowenen, gegen das Deutschtum begünstigen, man wird sich in absehbarer Zeit sagen müssen, daß man Brocken wohl in Mauern verbauen, nicht aber mit ihnen den Grund eines Hauses legen kann. Der Katholizismus könnte sich kaum einen schlimmeren Schaden zufügen, als wenn er die äußere Machtstellung des Deutschen Reiches schwächen oder gar vernichten wollte. Mag er in inneren Fragen, die nach seiner Auffassung die Kirche betreffen, auf seinem Schein bestehen, gegen das Ausland muß er das Reich verteidigen mit seinem letzten Blutstropfen. Auch über dem Haupte des Katholiken bildet dieses Reich ein Dach, das durch kein anderes zu ersetzen ist, und er kann mit gleicher innerer Wärme wie der Protestant einstimmen in den Ruf: „Hoch Kaiser und Reich!"

So liegen die Dinge in ihren großen Zusammenhängen, und die sind entscheidend für Gang und Richtung. Mag das Vorgehen der Regierung manchem unbequem und ungelegen kommen, man wird ihre Vorschläge erörtern und prüfen. Man wird vielleicht an ihnen modeln, aber die Macht der Tatsachen, der Druck der Weltlage werden sich unwiderstehlich geltend machen. Wer ein Interesse an der Zukunft unseres Volkes hat und nicht im Banne blinder Parteileidenschaft steht, wird sich nicht versagen können. Die Behauptung, daß die Regierung nicht berechtigt sei, innerhalb des gesetzmäßigen Sexennats neue Vorschläge zu machen, kann doch ernstlich gar nicht erörtert werden. Als ob für einen Bau, eine Stromkorrektion, eine Bahnanlage nach den gesetzmäßig bewilligten Summen nichts Weiteres gefordert werden dürfte, wenn Naturereignisse die vollbrachten Arbeiten vernichten! Wer konnte denn bei der Einbringung des bestehenden Gesetzes wissen, was die Amerikaner 1898, die Engländer 1899 beginnen, was sich auf Samoa ereignen würde? Daß durch diese Hergänge neue Fragen geschaffen sind, die Weltlage ein ganz anderes Aussehen bekommen hat, kann doch niemand leugnen. Gerade in solchen Fällen ist es Aufgabe der Regierung, den richtigen Moment zu erfassen. Danken wir Gott, daß die unsere auf der Wacht steht. Gerade dem deutschen Bürgertum aber erwachsen aus dem Umschwung der Lage neue und nicht leichte Pflichten. Es ist wirtschaftlich durchaus in den Vordergrund der Nation getreten, Leiter und Führer unseres glänzenden Aufschwungs geworden. Die Kluft, die es von jeher vom Adel trennte, scheint sich zu erweitern. Kaum ist je so heftig gegen den „Junker" geredet und geschrieben worden wie in der jüngsten Vergangenheit. Die Stimmen, die das Feldgeschrei erheben: „Nieder mit den Oſtelbiern!" ſind lange nicht mehr vereinzelt. Daß man damit dem Reiche eine Stütze abſägt, die ſich bisher — und das gilt trotz der Abſtimmung in der Kanalfrage — in allen großen nationalen Fragen als unbedingt zuverläſſig erwies, findet, ſoweit ich ſehe, wenig Beachtung. Soll den Worten die Tat folgen, will man den preußiſchen Adel (um den handelt es ſich ja faſt ausſchließlich) wirklich zur Bedeutungsloſigkeit herabdrücken, ſo wird man ihn auch politiſch erſetzen müſſen. Dem Bürgerſtande fallen dann mit den Rechten auch Laſten und Pflichten zu. Trägt und erfüllt man dieſe nicht, ſo verübt man ein Attentat auf die Wohlfahrt des Reiches und der Nation. Die Flottenfrage iſt mehr als jede andere geeignet, dem mächtig aufſtrebenden Bürgerſtande dieſe Sachlage zum Bewußtſein zu bringen. Tua res agitur, das iſt vor allem deine Sache, muß man ihm da immer und immer wieder zurufen. Gebe Gott, daß er es erfaſſe ohne Unterſchied der Konfeſſion und der Partei, daß er ſich mächtig ſchare um ſeinen Kaiſer, der klaren Blickes erkennt, was die Zeit fordert. Nur wenn das geſchieht, können wir auf eine Zukunft rechnen unter den Völkern. Es wäre doch ein Hohn auf unſere Erhebung, wenn die Geſchichte unſerem Bismarck die Rolle des Philopömen ſollte zuweiſen müſſen, der den Achäiſchen Bund noch einmal vor ſeinem Untergange zur Blüte erhob unter den aufſteigenden Weltmächten.

Weltlage und Kolonialpolitik.[1]

Die mir zugefallene Aufgabe, Sie hinzuweisen auf die Weltlage, in der sich die koloniale Bewegung der Gegenwart widerspiegelt, will ich tunlichst kurz zu lösen versuchen. Bei unserer Kolonialpolitik handelt es sich nicht um Wollen oder Nichtwollen des einzelnen. Wir stehen mitten in einer gewaltigen Bewegung, die alle Nationen ergriffen hat, die wir mitmachen müssen, wollen wir von ihr nicht überflutet werden. Sie wissen alle, daß die Welt zurzeit vergeben ist. Dieser Zustand der vollständigen Verteilung der Erde ist noch sehr neu; erst im letzten Menschenalter hat er sich herausgebildet. Denken Sie zurück an die Zeit, wo die deutsch-französischen Schlachten geschlagen wurden, aus denen unser Reich erstand; damals gab es in Afrika nur im äußersten Süden und Norden, um das Kap und in Algerien, größeren Kolonialbesitz. Was sonst Europäern gehörte, waren Handelsfaktoreien ohne Anspruch auf weite Landstrecken. Heute finden Sie in ganz Afrika nur noch Abessinien

---

[1] Rede, gehalten in der vom Kolonialpolitischen Aktionskomitee zur Frage der Reichstagsauflösung und Kolonialpolitik auf den 8. Januar 1907 in die Berliner Hochschule für Musik berufenen Versammlung, gedruckt im „Offiziellen Bericht" über die Versammlung und im Deutschen Kolonialblatt XVIII, 113ff.

und die sogenannte Negerrepublik Liberia, die durch sich selbst regiert werden; alles andere ist in den Händen von Europäern. Ein Gebiet, dreimal so groß wie Europa, ist im Laufe eines Menschenalters, richtiger in den letzten 25 Jahren, vollständig verteilt worden.

Richten Sie Ihre Blicke nach Asien, so finden Sie, daß ziemlich um die gleiche Zeit, als in Deutschland die ersten Schritte unternommen wurden zur Begründung des Reiches, zum Teil zusammenfallend mit den entscheidenden Ereignissen von 1866, die Russen sich jener großen Gebiete bemächtigten, die wir unter dem Namen Turkestan und Transkaspien zusammenfassen, und die bis dahin selten den Blick der Europäer auf sich gelenkt hatten. Sie haben ihre Grenzen vorgerückt über Wüsten, Seen, Gebirge und weite Anbauflächen, und die Engländer sind ihnen in gleicher Weise, mit den Waffen in der Hand, von Indien her entgegen gekommen. Jetzt, nach 40 Jahren, stoßen russisches und englisches Gebiet unmittelbar an einander. Zwischenländer gibt es nicht mehr. Ein Gebiet ist zur Aufteilung gelangt, das halb so groß ist wie Europa. Sie wissen auch, daß das chinesische Reich von allen Seiten her gleichsam bei lebendigem Leibe verspeist wurde, bis Japan Einhalt getan hat. Trotz seiner Niederlage behauptet Rußland noch jetzt in Nordchina weiten Besitz, den es im letzten halben Jahrhundert erworben hat. Hinterindien ist fast ganz in der Hand der Europäer, während es vor

Weltlage und Kolonialpolitik

30, 40 Jahren noch seine einheimischen Herrscher hatte. In Australien sind Neu-Guinea und die benachbarten Inseln Besitz europäischer Mächte geworden. Es ist nirgends mehr etwas zu vergeben, und das im unmittelbaren Anschluß an eine Zeit, wo in England, der größten europäischen Kolonialmacht, die Abneigung nicht nur gegen Erwerb, sondern auch gegen Besitz von Kolonien weiten Boden gewonnen hatte, ja herrschend geworden war.

Das war geschehen im Anschluß an die Freihandelsidee. Sie hat in England ihre größten Siege erfochten um die Mitte des vorigen Jahrhunderts. Es hieß, im Grunde seien die Kolonien nur eine Last; Handel treiben könne man mit ihnen, auch wenn man sie nicht besitze; man spare dann Geld, brauche keine Mittel für Kriegszwecke usw. Ich brauche nur an die Namen Stuart Mill und John Bright zu erinnern, die Richtung zu kennzeichnen. Robert Peel hat sich um 1850 zu ihr hinüber geneigt. Als Disraeli-Beaconsfield zum erstenmal Mitglied eines Kabinetts war (1852), hat er den Ausspruch getan: „Die Kolonien sind Mühlsteine an unserem Hals". Seeley, der Vertreter englischer Expansion, suchte den Besitz Indiens zu rechtfertigen mit der Erwägung, daß die Kultur des Landes englischen Schutz brauche. Bis in den Anfang der 80er Jahre hinein hat diese Strömung gedauert. Noch 1880 konnte Allen fragen: Why keep India?

Und an diese Periode schließt sich unmittelbar die Zeit, die letzten 25—30 Jahre, in der England fast die Hälfte seines gegenwärtigen Kolonialbesitzes sich angeeignet hat. Der Grund liegt allein darin, daß auch andere Völker ihre Hände ausstreckten nach Kolonialland.

Es sind in einigen Tagen fünf Jahre, daß Waldeck-Rousseau, der damalige französische Ministerpräsident, vor den Industriellen von St. Etienne, als er ihnen die Leistungen und Errungenschaften der Republik auseinandersetzte, unter lebhaftem Beifall erklären konnte, daß Frankreich seit dem Sturze des Kaisertums seinen Kolonialbesitz von 800 000 auf 10 Millionen Quadratkilometer vermehrt habe, vom $1^{1}/_{2}$fachen Frankreichs auf das 18—19fache. Für die Franzosen ist die Niederlage von 1870/71 ein Sporn gewesen, ein Kolonialreich zu errichten, wie sie es früher nie inne hatten, ohne daß sie darum das verlorene Grenzland aufgegeben oder vergessen hätten. Sie besitzen große Kolonien in Hinterindien, weit größere in Afrika. Vom Kongo, vom Senegal, von Algerien und von Dahome aus haben sie sich ein Gebiet angeeignet fast so groß wie Europa, haben dazu ganz Madagaskar genommen. Erst nach ihnen begannen die Deutschen. Als auch diese in den Jahren 1883, 1884, 1885 anfingen, einige bescheidene Kolonien zu erwerben, entschlossen sich die Engländer, nun neben jeden deutschen oder französischen Grenzpfahl einen englischen zu setzen und möglichst alles in Besitz

Weltlage und Kolonialpolitik

zu nehmen, was noch zu haben war. In seiner großen Historischen Geographie der Britischen Kolonien spricht es Lucas, einer der Leiter des englischen Kolonialamts, offen aus: „For better or worse, a pride or a burden to the coming generation, we must retain it. Wohl oder übel, ob ein Stolz oder eine Last für die kommenden Geschlechter, wir müssen behalten, was sonst Franzosen oder Deutsche nehmen würden".

Daß dies nicht ein Zug ist, der sich nur bei den alten, europäischen Völkern entwickelt hat, zeigt deutlich das Vorgehen der Vereinigten Staaten. Die Vereinigten Staaten sind in sich selbst befriedigt, mehr als irgend ein anderer Staat es sein kann. Sie haben Boden daheim in Hülle und Fülle zu neuer Siedlung. Lange hat man sie für den Friedensstaat an sich gehalten. Ein Staat ohne Kriegsmacht, nur durch den Willen seiner Bürger geleitet! Das Urteil hat sich gewandelt seit dem spanischen Kriege von 1898. Als damals am 30. Juli ein Vorfriede vereinbart wurde, da war von der Abtretung der Philippinen nicht die Rede; die Entscheidung über sie sollte späterer besonderer Vereinbarung vorbehalten bleiben. Im Oktober hielt Mac Kinley dann auf der internationalen Ausstellung in Omaha City die denkwürdige Rede, in der er den Amerikanern sagte: „Wir müssen die Verantwortung auf uns nehmen; wir können sie nicht abwälzen, auch wenn wir möchten; wir müssen sie mutig und weise tragen und die Bahnen der Pflicht wandeln; es ist eine Pflicht für unsere Zukunft". Gegen allen völkerrechtlichen Brauch kam Amerika nachträglich mit der Forderung, die Philippinen abzutreten. Also auch bei einem Volke, das überreichlich Raum besitzt, fest in sich und stark ist, das nicht nötig hat, die Hand nach außen zu strecken, die Auffassung herrschend: Die Erde wird vergeben; wir müssen Besitz ergreifen von Land, das noch zu Gebote steht und uns nützlich und notwendig sein kann. Sollten wir allein zurückstehen, uns zurückdrängen lassen, während Völker, die in kolonialer Tätigkeit eine jahrhundertelange Erfahrung haben, Kolonien erwerben, wo und wie sie nur immer können? Sollen wir zurückstehen wie kleine Nationen, die aus der Not eine Tugend machen müssen? Das kann niemand erwarten und würde kein urteilsfähiger Fremder verstehen. Was wir erwarben, erwarben wir mit gutem Grunde; wir wollen und müssen es behaupten. Die Zeiten sind vorüber, wo man ernstlich vom Aufgeben und Liquidieren unseres Kolonialbesitzes reden konnte. Wer heute solche Ansichten vertritt, ist rückständig, völlig rückständig. Die Zukunft gehört denen, die die Gegenwart verstehen. Seien Sie davon überzeugt, daß auch unsere Nation ihren Teil an der Erde haben wird!

Lassen Sie mich nur noch an zwei Beispielen zeigen, wie sehr man irren kann in der Einschätzung großer Länder, und daß es eine Torheit, eine Leichtfertigkeit

Weltlage und Kolonialpolitik

ist, über Gebiete in einem Atem abzuurteilen, die größer sind als Deutschland, wie man seinerzeit von Ostafrika gesagt hat, es sei nichts wert, wo es gesund sei, und ungesund, wo es etwas wert sei. Die Beispiele entnehme ich der Geschichte Amerikas. Alaska ist lange als ein Land angesehen worden, wie es ein traurigeres nicht geben könne. 1867 wurde Alaska seitens der Amerikaner den Russen um 7 200 000 Dollar abgekauft. Im Kongreß begegnete die Vorlage heftigem Widerspruch. Es wurde gesagt, Alaska sei ein unwirtliches, elendes, gottverlassenes Land, an unhospitable, wretched, godforsaken country. Man solle den Russen das Geld geben und sie bitten, das Land zu behalten; wenn das nicht geschehen könne, solle man es irgend einer europäischen, asiatischen, afrikanischen Macht anbieten und sie bitten, Geld und Land zu nehmen. Das waren die Ansichten, die damals vertreten wurden. Und jetzt? In Alaska liegt Klondike! Aber schon allein der Pelzhandel und der Fischfang haben den Amerikanern alljährlich mehr Ertrag gebracht, als die ganze Kaufsumme betrug.

Das andere Beispiel ist Oregon, das Land zwischen dem Felsengebirge und dem Stillen Ozean, das nach langen Verhandlungen zwischen England und Amerika 1846 für die Union gewonnen wurde. Auch dieses Gebiet wurde höchst abfällig beurteilt; die Aktion stieß auf ähnlichen Widerstand wie die spätere betreffs Alaska.

Mac Duffie erklärte im Senat, für ein derartiges Land, zu dem man nur über 700 Meilen regenlosen, sandigen Bodens gelangen könne, das von Gebirgen starre und in das eine Eisenbahn zu führen die Schätze Indiens nicht ausreichen würden, gebe er nicht eine Prise. Was diese weiten Gebiete jetzt für die Vereinigten Staaten bedeuten, wissen Sie alle. Solche Hergänge warnen, voreilig wegwerfende Urteile über ausgedehnte Länder zu fällen, die dem ersten Blick wertlos erscheinen.

Es ist unsere Pflicht, um die Wohlfahrt, die Zukunft unseres Volkes besorgt zu sein. Es ist aber auch eine Ehrenpflicht, Land nicht aufzugeben, das unser ist und für das unserer Söhne Blut geflossen ist. Wie würden wir dastehen in der Welt, wenn wir unseren Platz draußen verlassen wollten! Wir würden zum Spott der Nationen werden; andere würden sich sofort an unsere Stelle setzen. Aber noch eine weitere Pflicht gilt es dort zu erfüllen, eine Pflicht der Menschlichkeit. Mit Staunen liest jeder auch nur einigermaßen Kundige, was im Reichstage gesagt ward über Mißhandlung der Schwarzen. Gerade das Zentrum ist zuerst kolonialfreundlich geworden mit Rücksicht auf die früheren grauenvollen Zustände in afrikanischen Ländern. In den ersten Jahren unserer Kolonialpolitik war es ausgesprochen kolonialfeindlich. Im Oktober 1888, als der Aufstand in Ostafrika ausgebrochen war, als man ernstlich den Gedanken erwog, die Kolonien aufzugeben, kam der französische Kardinal Lavigerie auf die Katholikenversammlung nach Köln, und seinen Darlegungen über die Bedeutung auch der deutschen Kolonisation für die Missionen und über die Notwendigkeit der Abschaffung des Sklavenhandels und der Sklavenjagden ist es besonders zuzuschreiben, daß das Zentrum kolonialfreundlich wurde. Die Greuel des Sklavenhandels sind jedem bekannt, der jemals eine Reisebeschreibung gelesen hat. Tausende und aber Tausende wurden grausam von ihren Angehörigen fortgerissen, die Familien vernichtet, die Gefangenen in Fesselhölzer geschlossen, gekettet und so in monatelangen Märschen zur Küste geschleppt. Das waren die Zustände, die wir alle noch erlebt haben. Die europäische und nicht zuletzt die deutsche Kolonisation hat ihnen ein Ende gemacht, diesen Schandfleck afrikanischen Lebens getilgt.

Noch bis in die unmittelbare Gegenwart hinein ist Afrika heimgesucht worden von menschenmordenden, einheimischen Gewalthabern. Wir wissen nicht allzuviel von innerafrikanischer Geschichte. Aber das hat sich unter unseren Augen mehr als einmal abgespielt, daß Gewaltmenschen von überlegener Kraft des Körpers, des Geistes und des Willens unter den Schwarzen große Reiche zusammengebracht haben, zusammengebracht unter entsetzlichen Untaten, durch Vernichtung ganzer Stämme, Verödung weiter Länderstrecken. Es sind noch nicht ganz 7 Jahre, daß die Franzosen den letzten derartigen Machthaber, den Rabbeh, im nördlichsten Zipfel unseres Kamerungebietes mit großer Mühe besiegt haben in einem Kampfe, in dem er selber fiel. Vom Kongo, von Senegambien, von Algerien her waren sie vorgegangen, ihn einzuschließen und zu vernichten. Zwei Jahre früher hatten sie im Nigerbogen das Gewaltreich des Samory zerstört, das auch erst nach 1880 zusammengebracht worden ist. Die Engländer haben 1893 dem Reich des Lobengula ein Ende gemacht, das dessen Vorgänger, Mosilikatsi, an der Spitze der Matabele begründet hatte. Auch das Reich des Muata Jambo, das des Kazembe, das des Kama sind Bildungen neuerer Zeit. Alle diese Reiche sind geschaffen worden unter Greueln entsetzlichster Art, Greueln, wie sie die europäische Geschichte auch aus ihrer frühesten Vergangenheit nicht kennt. Ihre Wahrzeichen sind Schädelbäume und schädeltragende Dorfzaunpalisaden. Als Livingstone 1863 den südlichen Teil unseres jetzigen Ostafrika durchzog, fand er ein gut bevölkertes und wohl angebautes Land. Die ersten unserer Landsleute, die in jene Gegend kamen, fanden sie verödet und fast ohne Bodenkultur. Wandernde Räuberhorden hatten sie inzwischen heimgesucht. Die Geschichte Afrikas vor der europäischen Herrschaft, das will sagen, bis an unsere unmittelbare Gegenwart heran, ist wahrlich nicht die friedlichen Zusammenlebens der Stämme und Völker. Das ist sie geworden und

Weltlage und Kolonialpolitik

wird sie immer mehr werden durch die Aufrichtung europäischer Macht. Unsere moderne Kultur mag gelegentlich zur Hyperkultur werden, sie ist für Afrika doch kein leerer Schall; sie bringt dem schwarzen Erdteil unendlichen Segen. Wenn man sich die früheren Zustände vergegenwärtigt, so steht einem wirklich der Verstand still, wenn im Reichstage lang und breit erörtert wird, ob ein Schwarzer ein paar Stockstreiche zu viel bekommen hat. Vom Köpfen und Töten unter allen möglichen Martern zum Gebrauch des Stockes als Zuchtmittel ist ein unleugbarer Fortschritt.

Es ist mehr als eine Pflicht, die hier in Frage steht, die Pflicht, für unseres Volkes Wohlfahrt, für unsere Zukunft zu sorgen, die Pflicht gegen die Ehre der Nation, die wir nicht preisgeben dürfen, die Pflicht gegen die Menschheit, der ein großes Volk sich nicht entziehen kann. Diese Pflichten müssen wir auf uns nehmen, die Last der Herrschaft tragen, wie Rudyard Kipling seine Engländer mahnt, Opfer bringen, wenn es nötig ist. Von Aufgeben unseres Besitzes kann nur ein Tor reden. Was wir haben, müssen wir festhalten und weiter ausgestalten.

Englands Weltstellung und Deutschlands Lage.[1]

Stärker als es seit hundert Jahren geschehen, weit mehr als zur Zeit des Burenkrieges, hat England während der Hergänge des Sommers 1911 die Blicke der Deutschen auf sich gezogen. Es möchte unter uns niemand geben, dem nicht klar geworden wäre, was Englands Haltung in Weltfragen für Deutschland bedeutet. Jedermann erkennbar hat sich die Schranke gezeigt, die uns hindert in unseren Bestrebungen, Raum zu gewinnen auf der Erde. Die beiderseitigen Staatsmänner haben diese Sachlage gekennzeichnet mit der gemessenen Korrektheit, an die diplomatische Sprechweise gebunden ist, aber doch mit bitterbösem Ernst und unverkennbarer innerer Gereiztheit.

Wird, kann, muß das dauern? Was kann, was muß von unserer Seite geschehen, den Gefahren, die dieser Zustand in sich birgt, zu begegnen? Wer diese Fragen aufwirft — und wer hätte das in jüngster Zeit nicht getan? — muß sich alsbald sagen, daß er sie nicht beantworten kann, ohne eine Vorfrage beantwortet zu haben: Wie ist das so geworden? Wie hat es so werden können? Richtiges politisches Handeln auf große Ziele

[1] Überall 14. Jahrg. Heft 6 März 1912.

hin ist eben nur möglich auf Grund geschichtlichen Verständnisses.

Es ist „Britanniens gottgewollte Bestimmung", die Meere zu beherrschen. So will es der Dichter, und so haben es die Generationen nach ihm gewollt, die sich an seinem Rule Britannia begeisterten. Nicht nur für den Insulaner, auch für den Festlandsbewohner ist es eine Art communis opinio, ein Gemeinplatz geworden, daß England schon durch seine Lage berufen sei, auf der See zu gebieten. Geschichtliche Einsicht, die dem widerspricht, muß sich gefallen lassen, in die nebensächliche Rolle antiquarischen Wissens verwiesen zu werden. Die greifbare Gegenwart belehrt ja eines Besseren.

Und doch ist es wohlgetan, sich zu erinnern, daß es Zeiten gegeben hat, wo England zur See nicht mehr, sondern weniger bedeutete als benachbarte Festlandsvölker. Es ist nach einander von Römern, Sachsen, Normannen erobert und auch später bis auf den Oranier Wilhelm und die französischen Einfälle in Schottland und Irland hin nicht selten mit mehr oder weniger Erfolg von der See her angegriffen worden. Von einer ausgemachten Überlegenheit englischer Kriegführung zur See kann vor Abukir und Trafalgar nicht die Rede sein. Und auch im friedlichen Wettbewerb hat England, „dessen Lage seine Bewohner auf die See hinweist", erst spät den Vorsprung vor allen anderen

Nationen gewonnen. Im Zwischenverkehr unter fremden Plätzen hat es in früheren Zeiten den Hansen und den Italienern, später den Niederländern nachgestanden, und auch ein nicht geringer Teil der eigenen Ein- und Ausfuhr ist in früheren Zeiten von diesen Mitbewerbern besorgt worden. Erst in der zweiten Hälfte des 18. Jahrhunderts erlangten englischer Handel und englische Schiffahrt ein ausgesprochenes Übergewicht über die niederländischen Leistungen.

Indem man sich diese Tatsachen ins Gedächtnis ruft, erkennt man sofort, daß die insulare Lage nicht das Entscheidende ist. Sie hat mitgewirkt; aber nie wäre England England geworden, wenn nicht Sachsen und Normannen an die Stelle seiner keltischen Bewohner getreten wären, und wenn nicht diese beiden germanischen Kernstämme die wichtigsten Vorbedingungen staatlichen Lebens in glücklichster Durchdringung im Lande heimisch gemacht hätten: Trieb zu regster öffentlicher Betätigung in den besten Volksschichten und Verständnis und Befähigung für ein starkes Königtum. Der geringe Umfang des Landes, der dem eines deutschen Stammesherzogtums oder eines der Hauptbestandteile des altfranzösischen Reiches entsprach, erleichterte die Entwicklung eines einheitlichen, von Teilungs- und Trennungsgedanken nicht mehr behinderten Staatslebens. So war Englands Volk, als das Mittelalter der Neuzeit wich, das in sich bestgeschlossene

Europas. Dem verdankte es eine Stellung unter den führenden Völkern des Erdteils; an Gebietsumfang und Bevölkerungszahl stand es ihnen durchaus nach und blieb in diesem Nachteil bis in das 19. Jahrhundert hinein.

Die gesicherte Einheit dieses Staatswesens und die glückliche Mischung sächsischer und normannischer Befähigung, deren sich seine Bevölkerung erfreute, waren es auch, die vor allem zu einer gesunden Machtverteilung zwischen Volk und Krone führten. Man kann das Auf und Ab im Ringen der beiden Gewalten, wie es sich bis ins 18. Jahrhundert fortsetzt, nicht verstehen, wenn man sich das nicht gegenwärtig hält. Mittelalterliche Herrschergewalt ist nirgends eine autokratische gewesen; sie war überall abhängig vom Wünschen und Wollen der Vornehmen eines engeren oder weiteren Kreises. In keinem Staatswesen des Abendlandes ist dieser Einfluß so stetig und so einheitlich geübt worden wie im englischen. So hat sich hier um die Scheide des Mittelalters und der Neuzeit wohl ein stärkeres Königtum als in den nächst vorhergehenden Jahrhunderten, niemals aber ein absolutes Regiment in festländischem Sinne entwickeln können.

In den langen und zum Teil schweren Kämpfen, die notwendig wurden, dem Volkswillen nach und nach die Überlegenheit über die Krone zu sichern, ist aber die insulare Lage von der allergrößten Bedeutung gewesen, sicher mehr als in der Frage der Betätigung zur See. Die wiederholten gefahrvollen Krisen wurden ohne Landverlust überwunden, weil Englands Grenzen, soweit das überhaupt geschehen kann, von der Natur festgelegt waren. Einzelhergänge haben fördernd mitgewirkt. Als die inneren Wirren aufs höchste stiegen, beschäftigte der Dreißigjährige Krieg die Völker Europas von der Straße von Gibraltar bis zum Nordkap. Besonders wichtig wurde Elisabeths kluger, gleich zu Anfang ihrer Regierung gefaßter Entschluß, auf Festlandbesitz zu verzichten. So konnte England in die kontinentalen Händel nicht unmittelbar mehr hineingezogen werden; es konnte die Gelegenheit zum Eingreifen nach seiner Wahl abpassen. Sie ist, abgesehen von der Zeit Karls II., durchaus überwiegend, zuletzt ausschließlich getroffen worden nach den Gesamt=, nach den wirtschaftlichen Interessen des Landes. Die dynastischen Wünsche des Hauses Hannover, die aus dessen Doppelstellung entsprangen, waren kaum mehr als Anwandlungen, nach deren Überwinden der Staatswagen um so nachdrücklicher in die gewohnte Bahn einlenkte.

In der Vertretung der wirtschaftlichen Interessen aber mußte nun die See eine steigende Bedeutung gewinnen. Da forderte die Natur ihr Recht. Wenn andere Reiche Vergrößerung ihres Besitzes, Erweite=

rung ihres wirtschaftlichen Wirkungskreises, überhaupt Mehrung ihrer Macht anstrebten — und jede gesunde Staatsbildung tut das, es kann keine anders — so bot sich dazu an ihren Grenzen die Möglichkeit. England fand sie, abgesehen von der schottischen und der Waliser Nachbarschaft, nur jenseits des Meeres. Zur Zeit der großen mittelalterlichen Kolonisationstätigkeit, an der alle christlichen Völker des Abendlandes — keines mit so glänzendem Erfolge wie das deutsche — ihren Anteil nahmen, haben die Engländer über Wales eine Herrschaft aufrichten, eine Ecke Irlands in Abhängigkeit bringen, über einen Teil Schottlands ihre Sprache (nicht ihr Volkstum) verbreiten können. Diese Erfolge genügten nicht, als das Bedürfnis unabweisbar hervortrat, dem englischen Erwerbsleben einen weiteren Raum, Englands Bewohnern neue Siedelungsmöglichkeiten zu schaffen. Es war die Zeit, in der die Blicke der europäischen Menschheit zuerst anfingen, das Erdenrund zu umspannen.

Indem Königin Elisabeth ihren Untertanen gestattete, überall auf dem Weltmeer beutesuchend den Spaniern nachzugehen, von deren Könige ihrem Throne die größte Gefahr drohte, vertrat sie neben der eigenen Sache die ihres Volkes. Es ist das Geheimnis englischer Stärke geblieben, von den Tagen an, da der Erfolg über die Armada dem Engländer das Gefühl der Sicherheit gab auf dem Elemente, das seine Heimat umspült, bis auf heute. In den großen Zeiten englischer Auslandspolitik — und es sind ihrer ja nicht wenige und die meisten von nicht kurzer Dauer — haben die Lenker des Staates stets gewußt, was das Volk wollte, und haben nichts gewollt, als was diesem Wissen entsprach!

Englands maritime und koloniale Macht hat sich langsam und nicht ohne starke Schwankungen entwickelt. Seit der ersten Besiedelung amerikanischen Bodens sind dreihundert, seit Begründung der ersten festen Niederlassung in Indien zweihundert, seit der Besitzergreifung Australiens und Südafrikas gut hundert Jahre verflossen. Langsam, und doch sind es, an den Wirkungen gemessen, kurze Zeiträume, die genügt haben, von dem schmalen englischen Boden aus, der Süddeutschland an Ausdehnung nicht wesentlich übertrifft, englische Sprache und englisches Volkstum an die Spitze der Welt zu stellen. Das England Elisabeths zählte nicht ein Viertel der gleichzeitigen Bewohner Frankreichs oder Deutschlands!

Wer die Einzelhergänge ins Auge faßt, wird nicht finden, daß hier von vornherein ausgesprochene Überlegenheit im Kolonisieren oder in seemännischer Tüchtigkeit im Spiele war. Mochte man bessere Siedler abgeben als Spanier und Portugiesen; die besonders konkurrierenden Franzosen hat man in den entscheidenden Zeiten nicht übertroffen und auch nicht die Niederländer, die durch den kurzsichtigen und nur auf raschen Geldgewinn bedachten Krämergeist ihrer Machthaber schwer gehindert worden sind. In mehr als einer wichtigen Form der Gewinnung und Verwertung neuen Bodens sind die Franzosen die Lehrer, die Engländer nur die Nachahmer gewesen. Entscheidend wurde der klare und stetige Staatswille, der dem englischen Manne den Rücken stärkte. Ludwig XIV. hat der Entwicklung Frankreichs zur führenden Weltmacht den Weg verlegt, indem er seine glänzenden Gaben und die reichen Kräfte seines Landes vergeudete in Bemühungen, Frankreichs Ostgrenze umzugestalten, die doch bei seinem Regierungsantritt so günstig war, wie sie wirklich weise französische Staatsmannskunst nur hätte ausdenken können. Die Revolution und Napoleons unstillbare Eroberungssucht haben das französische Volk vollends ausgeschaltet aus dem Wettbewerb mit England um Weltgeltung. Erst der Sieg über den Korsen brachte den Briten die unbestrittene Herrschaft im „freien Reich der Amphitrite".

Nicht eher aber beginnt der eigentliche Aufbau des britischen Kolonialreichs. In Indien, in Australien, in Südafrika und selbst in Kanada stand man in den Anfängen einer wirklichen Beherrschung des Landes, als Napoleon nach St. Helena wanderte. Mit der Unabhängigkeitserklärung der Vereinigten Staaten hatte man das einzige Siedelungsgebiet, das man bisher besessen, eingebüßt. Das Menschenalter, das dem Sturze Napoleons folgte, eine Zeit, die in kolonialer Betätigung so gut wie konkurrenzlos war, hat diese Anfänge zu stattlicher Vollendung geführt, vor allem die großen zukunftsreichen Siedelungskolonien in drei Erdteilen geschaffen, die als englische Gemeinwesen nach menschlichem Ermessen Bestand und Geltung der englischen Rasse sichern bis ans Ende aller Dinge. Der Erfolg war so durchschlagend, daß er seine Träger selbst irre machen konnte. Um die Mitte des vorigen Jahrhunderts erhob sich Widerspruch gegen weitere Erwerbungen. Hand in Hand mit der Herrschaft über die See hatte sich die über den Handel entwickelt. Das so lange streng protektionistische England konnte Freihandel nicht nur ertragen, sondern auch Vorteil aus ihm ziehen. Man meinte, Handel auch treiben zu können, wo man nicht herrschte; der Vorteil der Herrschaft wiege die Kosten, die sie verursache, nicht auf. Selbst für die indische Stellung fand die Auffassung Vertreter. Ihre Verbreitung hat tatsächlich dazu geführt, daß zeitweise, besonders in den 60er und 70er Jahren, Gelegenheiten zu neuen Besitzergreifungen unbenutzt geblieben sind.

Diese Enthaltsamkeit hat in den 80er Jahren neuer, in solcher Stärke nie erlebter Begehrlichkeit Platz gemacht. Anlaß wurde Frankreichs und wohl noch mehr Deutschlands Vorgehen. Die französische Republik hat ein Kolonialreich zusammengebracht, wie es die Monarchie sich nie auch nur hatte träumen lassen. Der Neubau setzte nicht allzulange nach der erlittenen Niederlage ein. Er ward, soweit Afrika in Frage kam, beschleunigt durch die beginnenden deutschen Versuche. Es ist in jedermanns Gedächtnis, mit wie scheelen Blicken England diese begleitete. Es wurde dort bald Grundsatz: „Schlecht oder gut, man muß es nehmen, damit der Fremde nicht die Hand darauf legt." So hat das Britische Reich in den letzten drei Jahrzehnten nicht viel weniger Land in Besitz genommen oder in Abhängigkeit gebracht wie insgesamt im Laufe der früheren Jahrhunderte. In Afrika wuchs das beherrschte Gebiet auf das Achtfache, von reichlich einer auf fast neun Millionen Quadratkilometer. Insgesamt werden mehr als ein Viertel aller Bewohner der Erde und fast ein Viertel ihres gesamten Flächeninhalts von der Themse her geleitet. Und in dieses Herrschaftsgebiet fallen die wichtigeren Seeverbindungen fast ausnahmslos! Allein von der Landenge von Panama hat sich England vor den Vereinigten Staaten zurückgezogen, hier doch auch wieder vor einem Ableger der eigenen Kultur und Macht. Und noch ein anderer Erfolg! Die Engländer sind das einzige größere europäische Volk, das von sich sagen kann, daß nirgends in der Welt Angehörige ihrer Nation in zusammenhängenden Wohnsitzen unter fremder Herrschaft leben. Britons never shall be slaves!

Dem gegenüber ist Deutschlands Weltstellung bescheiden. Als aus den Verhandlungen des Wiener Kongresses vor bald hundert Jahren der Deutsche Bund hervorging, zählten die ihm zugeteilten Länder fast doppelt soviel Bewohner als das Britische Reich, und auch heute noch gibt es, wenn man von den Amerikanern absieht, wohl 20 Millionen mehr Leute deutscher als englischer Zunge. Aber sie leben zu mehr als einem Fünftel zerstreut in allen Reichen der Welt, und was von Berlin aus auf dem weiten Erdenrund geleitet wird, umfaßt noch nicht ein Zehntel von dem, worüber London verfügt. Unsere Auswanderer haben hochgeschätzten „Völkerdünger" geliefert (manure of nations) in allen möglichen, ganz überwiegend englisch sprechenden Ländern; dauerndem Einfluß des Heimatlandes haben sie den Boden nicht bereiten können. Die Gründe kennt jedermann. Sie sind uns in diesen Tagen nach einander von London und von Paris her höhnend ins Gedächtnis gerufen worden: „Deutschland ist zu spät zur Welt gekommen!" Sie war zum größten Teil vergeben, als es geboren wurde.

Heute ist sie völlig aufgeteilt. Schon um die Scheide des verflossenen und des gegenwärtigen Jahrhunderts gab es kein Land mehr, auf das nicht völkerrechtlich anerkannte Ansprüche bestanden. Es können wohl noch Besitzverschiebungen, aber keine Besitzergreifungen mehr erfolgen. Wie hat sich Deutschland mit dieser Tatsache abzufinden?

Als unser neues Reich vor 28 Jahren in die Kolonialbewegung eintrat, lenkten seine Begründer noch seine Geschicke. Bismarck hat den neuen Weg zögernd betreten. Er ist deswegen oft getadelt worden, sicher mit Unrecht. Seiner reichen und reifen geschichtlichen Einsicht war es nicht verborgen, daß das Feld, das man beackern wollte, ergiebig sein werde an internationalen Verwicklungen. Das Deutsche Reich war schon in Europa kein freudig begrüßter Gast; draußen konnte es noch unbequemer erscheinen. Der erste Reichskanzler wollte, mußte in den Schwierigkeiten, die sich ergeben konnten, das deutsche Volk hinter sich haben; es ist ihm nur sehr zögernd, zum Teil unter heftigem Sträuben gefolgt. Um so mehr mußte er sich bemühen, den drohenden Gefahren durch kluge Politik zu begegnen.

Das ist geschehen, indem er die Annäherung an Frankreich suchte. Das Nachbarvolk, das „auf das Loch an den Vogesen starrte", stand doch auch in überliefertem, kolonialem Gegensatz zu England. Napoleon III. hatte ihn aufgefrischt, die Republik ihn weiter belebt. In Afrika stellte sich England nicht weniger in Frankreichs als in Deutschlands Weg. So haben die beiden Festlandsmächte 1884/85 auf der Kongokonferenz in Berlin vereint den Briten die Stange gehalten. Schon vorher hatte Bismarck das Vorgehen der Franzosen in Tunis mit freundlicher Teilnahme begleitet.

Es hat bei den zahlreichen Expeditionen und den sich

jagenden Landverträgen in fast ganz Afrika von der Sahara bis zur Kalahari auch nicht an deutsch-französischen Differenzen gefehlt. Sie hätten aber ein Zusammengehen in den Grundfragen nicht ernstlich erschwert, wäre nicht eine Änderung des deutschen Kurses erfolgt. Sie hat ihren Anfang genommen in dem für die Entwicklung unserer auswärtigen Politik so verhängnisvollen Jahre 1890.

Es brachte die Nichterneuerung des deutsch-russischen Rückversicherungsvertrages, den Bismarcks erfindungsreiche Staatskunst so fürsorglich geschlossen hatte. Es brachte im engsten Zusammenhange damit die Abwendung vom Zarenreiche, die Hätschelung der Polen und die Annäherung an England. Das Materielle der kolonialen Abgrenzungsverträge, die 1890 mit England geschlossen wurden und uns in den Besitz von Helgoland setzten, kann man verschieden bewerten; ein Fehler war es, daß man ihr Zustandekommen betrieb, obgleich ein Zwang nicht vorlag. Fragen so unklarer, so schwankender, wechselnder Natur sucht der Staatsmann zur Lösung zu bringen, wenn die Gelegenheit sich bietet. Aber im Reichskanzleramt herrschte damals die Vorstellung: „Je weniger Afrika, desto besser", und sein Vorsteher gefiel sich in der „massiven Dummheit", zu meinen, daß Deutschland nichts Schlimmeres begegnen könne, als wenn ihm jemand ganz Afrika schenke. Eine völlige Abkehr vom Wege Bismarcks in Kolonialsachen war es, daß Caprivi 1893 im Abgrenzungsvertrage über Kamerun zu Englands Gunsten auf das ganze obere Nilgebiet einschließlich Darfur verzichtete, d. h. auf Länder, die seit der englischen Okkupation Ägyptens (1882) zwischen England und Frankreich streitig waren und an denen Frankreich um so mehr hing, als Ägypten mit seinen Vasallenländern einst an seiner Hand der abendländischen Kultur zugeführt worden war. Gleichzeitig ließ Deutschland sich für die zwischen seinem Kamerunbesitz und diesen Nilländern liegenden weiten Landstriche auf Auseinandersetzung mit Frankreich verweisen. Es war England glücklich gelungen, Deutschland und Frankreich von einander zu trennen.

Nach Caprivis Rücktritt lenkte die deutsche Politik in eine andere Richtung ein. Sie beteiligte sich an der Erklärung, mit der Rußland, vereint mit Frankreich, im April 1895 Japan in den Arm fiel, als es die Früchte seines Sieges über China ernten wollte. Daß Frankreich hier Unterstützung lieh, war verständlich; es paßte durchaus in den allgemeinen Gang seiner Politik. Für Deutschland bestand kein genügender Anlaß, an solchem Schritte teilzunehmen. Ein ostasiatischer Flottenstützpunkt wäre auch ohne ihn zu erreichen gewesen, wenn er überhaupt erstrebt werden sollte. Eine Besserung der Beziehungen zu Rußland hat die unerwartete Hilfsbereitschaft nicht zur Folge gehabt. Sie wirkte auch nicht in diesem Sinne, als im Januar 1896 das Krüger-

Telegramm plötzlich in schroffer Weise von England abrückte. Unser bis dahin drüben volkstümlicher Herrscher wurde für einige Zeit ein „bestgehaßter Mann".

Die neue Wendung hätte nun auf den alten Weg zurückführen können. Die überseeischen Reibungsflächen zwischen England und Frankreich in Ägypten, sonst in afrikanischen Ländern, in Hinterindien, in Australien, in Neufundland waren doch unvergleichlich viel größer als die zwischen Frankreich und Deutschland. Es sind in der Folgezeit auch von französischer Seite Versuche gemacht worden, sich der deutschen Politik wieder zu nähern zum Zwecke gemeinsamer Vertretung afrikanischer Interessen gegenüber England. Aber trotz Krüger-Telegramm lenkte die deutsche Politik wieder hinüber in das englische Fahrwasser. Sie ließ sich herbei, im September 1898 mit England den Vertrag über die portugiesischen Kolonien zu schließen, dessen näherer Inhalt nie bekannt gegeben worden ist, der aber Portugals afrikanischen Besitz unter den beiden Mächten aufteilte für den Fall, daß das Mutterland nicht imstande sein sollte, ihn zu halten. Es war genau um dieselbe Zeit, als Marchand Faschoda besetzte, das nur fünf Breitengrade oberhalb Chartum liegt, und so in Frankreichs Namen die Hand auf den Weißen Nil legte. Er mußte Englands kategorischem Einspruch weichen. Sein Heimatland durchgellte ein Schrei der Entrüstung über den „alten Erbfeind"; aber man fühlte sich der Inselmacht nicht gewachsen und fand keine Anlehnung, wo man sie suchte und allein suchen konnte. Die Zeit war vorüber, wo in Berlin über Afrika entschieden wurde.

Der portugiesische Vertrag hat sich dann in Englands Hand als ein vortreffliches Mittel erwiesen, Deutschland während des Burenkrieges (1899—1902) unschädlich zu machen. Das deutsche Volk empfand wie das ganze weite Erdenrund; seine Regierung trieb englandfreundliche Politik, bis zu welcher Verirrung, hat die Veröffentlichung des Daily Telegraph im Oktober 1908 der staunenden Welt kundgetan. Auch im Boxeraufstand, der die Weltmächte zu einigen schien, nahm Deutschland Stellung an der Seite Englands. Es schloß im Oktober 1900 den Vertrag über die Integrität Chinas, der nach Englands Meinung Rußland hindern sollte, die Mandschurei an sich zu nehmen. Am 21. Januar 1901 folgte dann Eduard VII. seiner Mutter. Er hat der englischen Politik entschlossen eine dauernd deutschfeindliche Richtung gegeben. Als sich bald zeigte, daß man an der Spree denn doch nicht bereit war, als Sturmbock gegen Rußland zu dienen, trat Japan an die Stelle Deutschlands. Am 30. Januar 1902 schloß England mit der aufstrebenden ostasiatischen Macht den Vertrag, der es Japan ermöglichte, ohne Gefahr für den eigenen Bestand gegen Rußland vorzugehen.

Unter Eduards Leitung hat sich England weiter mit Frankreich und später auch mit Rußland verständigt. Es ist beiden entgegen gekommen, hat ihnen Raum gelassen, wo es früher Fremde nicht zu sehen wünschte. Frankreich tauschte 1904 für den Verzicht auf Ägypten und Neufundland Vorteile in verschiedenen Gegenden Afrikas, Australiens und Hinterindiens ein, vor allem aber Englands Zustimmung zu beliebiger französischer Einmischung in Marokko. Mit Rußland kam 1907 der Vertrag über Persien zustande. Unter Freilassung einer mittleren Zone wurde das lange zwischen russischen und englischen Bemühungen streitige Land in eine nördliche russische und eine südliche englische Einflußsphäre geteilt. Daß diese Verständigung eine Spitze gegen Deutschland hatte, war unverkennbar. England war es um den Persischen Golf zu tun, weil die anatolischen Bahnbauten deutscher Unternehmer anfingen, in eine Bagdadbahn auszumünden. Es wollte sich unter allen Umständen eine entscheidende Stellung an der kürzesten Überlandroute nach Indien sichern und hat zu dem Zwecke auch alte Ansprüche auf das Sultanat Koweit an der arabischen Küste nahe der Mündung des Schat el Arab wieder hervorgesucht und zur Geltung gebracht. Die deutsche Bagdadbahngesellschaft hat den mit der Türkei schon vereinbarten Vertrag so ändern müssen, daß Bau und Betrieb der letzten Strecke unter den maßgebenden Einfluß Englands gestellt sind. Rußland glaubte Anlaß zu haben, Deutschland in der asiatischen Türkei mehr zu hindern als zu fördern.

Lange hatte die britische Politik sich seitab von Zweibund wie Dreibund gehalten. Jetzt hatte sie Stellung genommen zu jenes Gunsten. Deutschland sollte das fühlbar werden.

Es hatte das englisch-französische Abkommen über Marokko vom 8. April 1904 als eine Beeinträchtigung empfunden. Stand es doch mit dem zukunftsreichen Lande in regem Warenaustausch und führten doch Welthandelsstraßen an dessen Küste vorbei. Am 31. März 1905, als der russisch-japanische Krieg noch unentschieden tobte, ging unser Kaiser auf seiner Frühlings-Mittelmeerreise in Tanger an Land und erklärte dem ihn begrüßenden Oheim des Sultans, daß er Marokko als ein unabhängiges und dem Handel aller Nationen offen stehendes Land ansehe. Es war nach dem, was man damals schon wissen konnte, klar, daß dieser Schritt nur zum Kriege oder zu einer diplomatischen Niederlage führen könne. Trotzdem ist er, wie einst die Krüger-Depesche, in weiten Kreisen Deutschlands mit Jubel begrüßt worden. Man erwartete mit Sicherheit Taten. Man sollte bitter enttäuscht werden.

Zunächst war es nicht mehr möglich, mit Frankreich über eine Teilung Marokkos zu verhandeln. Diesen Weg, der sonst vielleicht gangbar gewesen wäre, hatte das Kaiserwort wenigstens einstweilen gesperrt. Frankreich aber dachte nicht daran, sein Ziel aus den Augen zu lassen. Wie hätte es das tun können? Handelte es sich doch um die Aufrichtung des großen nordafrikanischen Reiches, das seinen besten politischen Köpfen lange vorgeschwebt hatte, an dessen Zustandekommen Frankreichs Zukunft in der Welt hängt. Es hat sich durch Tanger nicht irre machen lassen. In den Verhandlungen von Algesiras, zu denen es sich bereit finden ließ, hat es die große Mehrzahl der Mächte auf seiner Seite gehabt. Die Akte vom 7. April 1906 hat die „friedliche Durchdringung" kaum stören, geschweige denn hemmen können, auch die Anwendung der nötigen kriegerischen Nachhilfe nicht. Hatte doch auch Frankreich gleich Rußland, England und Amerika genügend koloniale Erfahrung, um in dem erstrebten Besitz die Lage zu schaffen, die es brauchte. Das deutschfranzösische Abkommen vom 9. Februar 1909 erkannte Frankreichs besonderen politischen Interessen in Marokko an. So konnte es trotz Algesiras auf vollen Erfolg hoffen. Von Selbständigkeit und Integrität des Landes konnte keine Rede mehr sein.

Da erschien am 1. Juli 1911 der Panther vor Agadir. Es hat in und außerhalb Deutschlands nicht viel Leute gegeben, die diesen Schritt nicht aufgefaßt haben als die Anmeldung eines Anspruchs auf Landerwerb in Marokko. Wenn unsere Regierung erklären ließ, daß sie nichts wolle, als die im Sus-Gebiet tätigen Deutschen schützen, so ward als selbstverständlich angesehen, daß schwerlich der Zeitpunkt kommen werde, wo ein solcher Schutz der deutschen Regierung entbehrlich erscheinen könnte. Wäre eine solche Handlung mit einer solchen Erklärung von England, Rußland, Frankreich oder Amerika her erfolgt, so würde niemand gezweifelt haben, daß sie so und nicht anders zu verstehen sei. Daß Englands Regierung Deutschlands Vorgehen so auffaßte, steht durch ihre eigene Erklärung fest. Es ward ihr Anlaß, die Welt wissen zu lassen, daß sie eine Festsetzung Deutschlands in Marokko nicht dulden werde. Von deutscher verantwortlicher Seite ist behauptet worden, daß man nie an Landerwerb im Scherifenlande gedacht habe; schon nach dem, was bis jetzt bekannt geworden ist, erheben sich die allerernstesten Zweifel an der Richtigkeit dieser Behauptung. Jedenfalls ist unsere Regierung in den Verhandlungen, die über eine Entschädigung geführt wurden, von ihren anfänglichen Ansprüchen erheblich zurückgegangen. Sie hat sich zuletzt mit „Neu-Kamerun" begnügen müssen. Die Franzosen rühmen sich mit Recht eines glänzenden Erfolges. Marokko ist ihr trotz Tanger, Algesiras und Agadir.

Von deutscher Seite ist wiederholt und mit Nachdruck betont worden, daß man die Verhandlungen mit Frankreich allein, ohne Einmischung irgend einer anderen Macht habe führen wollen und geführt habe. Formell ist das richtig, aber es schwächt den Eindruck nicht ab, der in weiten und besten Kreisen Deutschlands verbreitet, im Auslande durchaus herrschend ist, daß unsere Regierung zurückwich vor Englands drohend erhobenem Finger. Die englische Beteuerung, daß man nichts habe tun wollen als hinweisen auf die eigenen Interessen und Verpflichtungen, sagt im Grunde genommen nichts anderes. Deutschlands Ansehen in der Welt ist schwer geschädigt, nicht ohne grobes eigenes Verschulden, doch unter unleugbarer Mitwirkung Englands.

Das kann niemand überraschen, der sich gegenwärtig hält, was einleitend in diesem Aufsatz auseinandergesetzt wurde. Eduard VII. ist, indem er der englischen Politik ihre jetzige Richtung gab, nur den Antrieben gefolgt, die in seinem Volke nach Betätigung drängten. Wir hören immer wieder, auch von englischer Seite, daß die Erde Raum habe für beide Völker; die Grundstimmung jenseits des Kanals bleibt doch, daß Deutschland ein gefährlicher Mitbewerber auf dem Gebiete der Handels- und Seegeltung sei oder werden könne. Seitdem man Rußland Japan an die Seite gehängt hat, besteht kein Grund, Frankreichs Revanchelust nicht gegen Deutschland zu benutzen. Es folgt daraus noch nicht die Absicht einer völligen Niederwerfung Deutschlands. Ein Zurücksinken Mitteleuropas in die frühere Schwäche könnte doch auch für England bedenkliche Folgen haben. Es ist interessiert an einem gewissen Gleichgewicht Europas. Zurzeit ist es aber überzeugt, daß Deutschland nicht weiter emporkommen darf. Das Verfahren, das es einschlug, kann, abgesehen von Nebendingen, niemand verurteilen, der imstande ist, auch dem Gegner gerecht zu werden. Greys Rede war mehr als peinlich für uns Deutsche, aber sie hat nur gesagt, was vor der englischen Volksvertretung gesagt werden mußte. Daß in den kritischen Tagen Englands Streitmacht bereit war loszuschlagen, steht auf einem besonderen Blatt. Wer aber mit englischer Kriegsgeschichte auch nur einigermaßen vertraut ist, konnte es nicht anders erwarten. Sollte man es sich in verantwortlichen deutschen Kreisen nicht gesagt haben, so wäre das ein bedenkliches Versäumnis.

Liegt die Sache so, was kann Deutschland tun?

Die deutschen Äußerungen, die man als Antwort auf eine solche Frage ansehen kann, sind nicht gerade erfreulicher Natur. Im Reichstage sind zornige Worte gesprochen worden. Sie trafen den Ton, der den Empfindungen unseres Volkes entsprach. Aber laute Drohungen stehen dem besonnenen Manne überhaupt nicht wohl an; wenn ihnen nicht Taten folgen können, sind sie vollends vom Übel. Auch unser Reichskanzler hat dem Schlusse seiner Antwort an Sir Grey eine Wendung gegeben, die entbehrlich war, weil sie erwünschte Wirkungen in England nicht haben kann. Gar in der Presse überwog die Erregung durchaus die ruhige Überlegung. Es war ja erklärlich und gerechtfertigt, daß man der herrschenden Stimmung Ausdruck geben wollte; aber allzu wenig zeigte sich Bemühen, die Lage richtig zu erfassen und Mittel und Wege zu ihrer Besserung zu finden. Sie fordert vor allem Klarheit über die Ursachen der Erfolge des Gegners, der eigenen Mißerfolge.

Es ist dargelegt worden, daß die Leitung unserer eigenen auswärtigen Politik entfernt nicht einwandfrei war. Sie ist nach Bismarcks Abgang so unstet und schwankend geworden, wie sie früher zielbewußt und folgerichtig war; sie hat einen nicht unwesentlichen Teil ihrer Arbeit verwenden müssen, selbstgeschaffenen Verlegenheiten zu begegnen. Sie leitet die Dinge nicht, sie wird von ihnen geleitet. Die Ereignisse des letzten Sommers haben uns und der Welt offenbart, wohin das geführt hat. Man kann die These verteidigen, daß nach Tanger und Algesiras und nach dem Vertrage vom Februar 1909 für die gegenwärtigen Leiter unserer Politik nicht viel mehr zu erreichen war. Aber sie hätten uns dann doch die weithin sichtbare Niederlage ersparen können. Um den Vertrag vom 4. November 1911 zu erreichen, brauchte man nicht nach Agadir zu gehen. Die so handelten, sind unentwegt im Amt. Man braucht

Englands Weltstellung und Deutschlands Lage 183

sich nur die Frage vorzulegen, ob das in England möglich wäre, um den ganzen schwerwiegenden Unterschied der Verhältnisse zu erkennen. In England, in Frankreich wird auch die auswärtige Politik vom Volke gemacht; sie kann bei uns auch gegen das Volk gemacht werden.

Wir haben in Kaiser Wilhelms I. und Bismarcks Tagen gelernt, stolz zu sein auf unser starkes Königtum. Das Deutsche Reich, den Preußischen Staat hat die Monarchie geschaffen, und wir haben uns gewöhnt, beide in ihrer Hand in guter Hut zu wissen. Geschichtlicher Rückblick lehrt aber, daß die Entwicklung der allermeisten europäischen Staaten keine andere war. Nicht nur die Habsburgische Monarchie ist dynastischen Ursprungs, auch Frankreich ist ein Gebilde der Valois und Bourbonen, und selbst das englische Staatswesen läßt sich ohne das normannische Königtum gar nicht denken. In beiden Staaten aber hat das Übergewicht der Monarchie dem des Volkes Platz machen müssen und ähnlich in zahlreichen anderen, die man nicht so zum Vergleich mit deutschen Verhältnissen heranzuziehen pflegt, und die dafür auch nicht so geeignet sind. In England liegen die entscheidenden Wandlungen Jahrhunderte zurück; als sie sich in Frankreich vollzogen, gaben sie den Anstoß zu einer Bewegung, die ihren Siegeszug durch Europa hielt und die noch heute bei außereuropäischen Völkern und Völkern fremder Rasse Kraft beweist.

Sie hat auch Deutschland umgestalten helfen. Zwischen der Begründung des Deutschen Reiches und des neuen Preußen durch Kaiser Wilhelm I. und Bismarck und der Entwicklung des alten Preußen durch die Regentenreihe vom Großen Kurfürsten bis auf Friedrich den Großen ist doch ein tiefgreifender, gar nicht zu verkennender Unterschied. Das alte Preußen wurde buchstäblich durch die Tätigkeit seiner Herrscher aufgebaut; das neue Deutschland ist trotz der Waffenerfolge seines ersten Kaisers und trotz der Staatskunst seines ersten Kanzlers gar nicht denkbar ohne die Teilnahme des deutschen Volkes. Ohne 1848 kein 1871! Hätte der Einheitsgedanke nicht siegreich Boden gefaßt im deutschen Volke, keine Waffengewalt hätte ihm Gestalt geben können. Der deutsche Einheitsstaat ruht auf doppeltem Grunde! Welche Bedeutung aber jedem seiner Träger im Verhältnis zum anderen zukommt, das ist eine Frage, nach deren Beantwortung täglich gesucht wird.

So lange Bismarck das Steuer des Schiffes, das er segelfertig gemacht hatte, in der Hand hielt, ist vom Kurse zuungunsten der Krone nicht abgewichen worden. Gegen Ende seiner Kanzlerzeit erfolgte eine Wendung nach der entgegengesetzten Seite, die Verlängerung der Legislaturperioden in Reichstag und Landtag. Seitdem senkt sich, soweit parlamentarische

Macht in Frage kommt, die Schale unverkennbar nach links. Die Krone aber hat sich in dieser Lage zu vergegenwärtigen, daß sie ihre Stellung nicht schlimmer gefährden kann als durch Versagen in nationalen Anliegen. Preußen verdankt seine Größe seinen Leistungen auf diesem Gebiete. Es gibt starke Parteien im deutschen Volke, die teils aus alter Tradition, teils auf Grund neu gewonnener Überzeugungen grundsätzlich auf Schwächung der Krone bedacht sind. Die nicht so denken, sind es besonders gewesen, die Einheit und Macht unseres Volkes stets zur entscheidenden Richtschnur ihres politischen Handelns genommen haben. Sollten sie sich sagen müssen, daß unsere nationale Größe, an der sie mit ihrem Herzblut hängen, die ihnen als die unentbehrliche, unveräußerliche Grundlage unseres Bestehens erscheint, nicht mehr wohl bewahrt ist, wo man sie gut geborgen glaubte, so wäre das der schlimmste Schlag für Stellung und Ansehen der Krone. Ihre Berater haben keine ernstere Pflicht, als darüber Unklarheit nicht aufkommen oder nicht bestehen zu lassen. Genügen sie dieser Pflicht nicht, so helfen sie den Bestrebungen, die auf eine andere Machtverteilung zwischen Krone und Volk gerichtet sind, unvermeidlich zum Siege. Tausende und aber Tausende vaterländisch gesinnter Männer haben gelernt, neidisch auf die Leitung der auswärtigen Politik nicht nur in England, nein auch in Frankreich zu blicken.

Niemand vermag zu sagen, welche Folgen solche Bewegung mit sich führen, welchen Ausgang sie nehmen könnte. Man kann hoffen und glauben, man kann zweifeln und fürchten, wissen kann man nicht; Zwischenfälle können unberechenbare Wirkung äußern. Als staatliche Gemeinschaft ist unser Volk jung. Seine Erziehung hat es mehr auf dem Gebiet geistiger Kämpfe als auf dem staatlichen Lebens genossen. An überseeische Machtbetätigung, die ja zurzeit das Haupterfordernis ist, hat es sich nur langsam gewöhnt. Gerade diejenigen Kreise, die im inneren Staatsleben radikale Tendenzen vertreten, haben ihr am häufigsten ablehnend gegenüber gestanden. Eine leise Wandlung scheint vorzugehen. Wird sie an Kraft gewinnen? In Frankreich machen Radikale und Sozialisten eine vortreffliche auswärtige Politik, und in England ist die liberale, radikal angehauchte Regierung nicht weniger imperialistisch als nur je eine konservative. Das Volk als Ganzes hat seine Interessen verstanden. Könnten wir dahin auch in Deutschland kommen? Ist die Opposition etwa weniger gegen die Sache, als gegen die Regierung gerichtet, die sie vertritt? Niemand kann das mit Sicherheit wissen. Unsere Sozialisten bekämpfen nationale Impulse; sie fürchten sie. Ihre Sache hat wenig zu hoffen von Zeiten tiefer nationaler Erregung. Sicher ist aber, daß die Welt, wenn sie sozialistisch organisiert wäre, nicht friedlicher sein würde.

Die Volksbegehren würden auch dann auf einander stoßen. Ihre Bestrebungen sind gar nicht hinweg zu denken. Und sicher ist auch, daß die Machtstellung, die unsere sozialistische Partei erreicht hat, nur möglich war auf dem Boden des Reiches, ohne das Reich nicht bestehen kann. Es gibt überhaupt keinen denkenden Deutschen mehr, welcher Parteistellung er auch sein möge, der unser Reich zerschlagen würde, wenn er es könnte. Vierzig Jahre gemeinsamen Lebens haben miteinander verflochten; vierzig Jahre gemeinsamer Arbeit haben zusammengeschmiedet, wenn auch unter Hader und Streit. „Reichsfeinde" in dem Sinne, wie Bismarck das Wort prägte, gibt es heute nur noch unter Polen, Dänen und elsaß-lothringischen Protestlern. Daß aber unser Reich, wenn es bestehen soll, Weltgeltung nicht entbehren kann, ist eine Wahrheit, die sich von Jahrzehnt zu Jahrzehnt den Gemütern fester einprägen wird, weil sie eine Naturnotwendigkeit bedeutet. Wir brauchen nicht daran zu verzweifeln — und der letzte Sommer hat in der Beziehung auch seine erfreuliche Seite gehabt —, daß das Gefühl für den Wert nationaler Macht und Größe bei uns ähnlich feste Wurzeln fassen wird wie bei Engländern und Franzosen, brauchen nicht zu verzweifeln, auch nach dem Ausfall der jüngsten Wahlen nicht — sofern Gott unserem Reiche Bestand gönnt.

Sofern Gott unserem Reiche Bestand gönnt! Denn leider fehlt es nicht an schweren Wetterzeichen. Unsere

Lage ist ernst! Wir stehen so ziemlich allen Weltmächten im Wege. Rußland und seine Balkantrabanten hindern wir, Österreich zu überrennen und der Türkei den Garaus zu machen. Der Ausgang der Marokkosache hat Frankreichs Selbstvertrauen mächtig gehoben, die Reibungsflächen aber nicht gemindert, und zugleich hat die elsaß-lothringische Verfassung, die zur Beruhigung des Reichslandes sicher nicht beitragen wird, den Revanchehoffnungen eine bisher nie erreichte Kraft gegeben. England hat, wie bemerkt, kein Interesse daran, uns völlig auszuschalten aus der Reihe der Mächte, aber es hat feierlich erklärt, daß es „seine Interessen vertreten und seine Bündnispflichten erfüllen wird". Auf die Vereinigten Staaten wird kein Vernünftiger rechnen. Wir bemühen uns, gute Beziehungen zu ihren Angehörigen zu erhalten, und finden dafür drüben Verständnis; als Staat sieht die große Republik gleich England in uns vor allem den Handelsrivalen. Unsere rasch steigende Volkskraft verlangt aber Betätigung. Sie auf anderem als eigenem Boden zu finden, ist ihr bis auf weiteres versagt. Bitter not täte uns ein Siedelungsland; wir haben die Gelegenheit verpaßt, vielleicht für alle Zeiten.

Vor gut sechs Jahren sprach Balfour, damals Ministerpräsident, davon, daß sich von Korea bis Marokko eine Reihe von Ländern erstrecke, die Schwierigkeiten unter den zivilisierten Staaten verursachen könnten. Er nannte sie Depressionsgebiete, in die Macht einströme von da, wo sie sich finde. Diese Depressionsgebiete haben sich inzwischen sämtlich mit Macht gefüllt, keines mit deutscher. Also dringender Bedarf und keine Möglichkeit, ihn ohne feindlichen Zusammenstoß zu decken! In einem Teil unserer Presse greift man auf den Vertrag über Portugals Kolonien vom September 1898 zurück und verlangt seine Ausführung. Auch im Auswärtigen Amt soll man diesem Gedanken nicht fernstehen. Ihn weiter verfolgen zu wollen, hieße einem verhängnisvollen Fehler einen zweiten hinzufügen, es sei denn, daß man die Absicht habe, die Ausführung dieses Vertrages durch Krieg zu erzwingen. England hat den Zweck, den es bei seinem Abschluß verfolgte, völlig erreicht. Es hat die deutsche Politik während des Burenkrieges hingehalten und zwar mit einem Mittel, das zugleich geeignet war, diese Politik zu diskreditieren. Es hat nie daran gedacht, zur Ausführung des Vertrages die Hand zu bieten, denkt auch heute nicht daran. Wie sollte es der neuen Regierung seines Vasallenstaates Portugal das antun? Und gar erst die Losung „Mittelafrika deutsch", die in derselben Presse ausgegeben wird! Als ob man den Kongostaat so von der Landkarte wegwischen könnte! Politisches Urteil steckt bei uns doch noch in den Kinderschuhen. Alles ist so an politische Kannegießerei gewöhnt, daß es schließlich nicht mehr zu denken vermag, und das gehört nun doch dazu, um internationale Beziehungen richtig bewerten zu können. Es ist nicht anders, wir sind eingekreist. Wir können uns nur der ruhigen Pflege unseres Besitzes widmen, wenn wir nicht Gewalt anwenden wollen, den Bann zu brechen. Anwendung von Gewalt aber kann im Völkerleben nur Erfolg haben, wenn weise Staatskunst der verfügbaren Waffenmacht richtig vorgearbeitet hat. Daran fehlt es aber bei uns zurzeit so sehr, wie seit den Tagen, die Jena vorauf gingen, nicht mehr.

Und nicht genug damit! Wir haben es gar nicht mehr in der Hand, die Ruhe und den Frieden zu bewahren, so lange wir wollen. Wir können uns aus dem Weltgetriebe, in das wir verflochten sind und verflochten werden mußten, nicht mehr lösen. Jeder Tag kann Verwicklungen bringen, die uns vor die Frage stellen: Demütigung oder Krieg? Es steht durchaus bei Frankreich, uns jederzeit vor diese Entscheidung zu stellen.

Für uns gibt es in dieser Lage nur eine Sicherung: Stärkung unserer Wehr zu Wasser und zu Lande. Unsere Flotte muß Gewähr bieten, daß wir England zur See erfolgreich widerstehen können. Sie muß stark genug sein, um auch der englischen Macht einen Angriff nicht gefahrlos erscheinen zu lassen. Vergessen aber dürfen wir darüber nicht die Tatsache, daß unser Volk und unser Reich auf dem Festlande verankert sind. Wäre es 1911 zum Kriege gekommen, unsere Kolonien hätten doch in Frankreich verteidigt werden müssen. Dabei sind wir Frankreich, das mit Sicherheit auch noch auf englische Unterstützung zu Lande rechnen kann, nicht mehr überlegen. Und jenseits der Vogesen hat sich mit dem wachsenden Vertrauen die Opferwilligkeit nur noch vermehrt. Man scheut keine Lasten, keine Kosten, man zieht den letzten Mann heran, während bei uns die allgemeine Wehrpflicht zu einem leeren Schlagwort geworden ist. Warum stellen wir nicht einen Mächtestandard zu Lande auf wie die Engländer zur See? Wir haben das Menschenmaterial, um den Franzosen alle Hoffnung zu nehmen. Ziehen wir es zu militärischer Ausbildung heran, so beschwören wir den Krieg nicht herauf, sondern vermeiden ihn. Hier sollten unsere Friedensfreunde einsetzen, wenn es ihnen Ernst ist mit ihrer Sache. Deutschland ist nicht eine Kriegsgefahr, wenn es stark, sondern wenn es schwach ist. Das hat es in vierzigjähriger Friedensarbeit jedem, der sehen will, bewiesen. Von erdrückenden Lasten zu reden, ist eine Frivolität gegenüber unserer rasch, ja ungesund steigenden Lebenshaltung und dem leeren Prunk, der entnervend einreißt in hohen und niederen Kreisen. Wie auf dem Gebiete der auswärtigen Politik haben wir uns durch den Gang unserer Geschichte auch in Wehrfragen gewöhnt, Anregung und Leitung allein von der Regierung zu erwarten. Es erscheint überflüssig, was sie nicht für erforderlich erklärt. Dieses Recht, das man ihr zugesteht, schließt aber eine entsprechende Pflicht in sich. Möchte unsere Regierung ihrer gedenken, damit sie nicht auch auf diesem Gebiete, wie auf dem der auswärtigen Politik zu leicht befunden werde! Nicht allein Ehre und Wohlfahrt, nein, der Bestand unseres Reiches und unseres Volkes hängen daran.